# 店铺形象影响顾客品牌信任及忠诚度研究

## ——基于药品零售业的实证

STORE IMAGE IMPACT ON CUSTOMER BRAND TRUST AND LOYALTY
—BASED ON THE EMPIRICAL OF DRUGS RETAIL

刘高福 聂 晶◎著

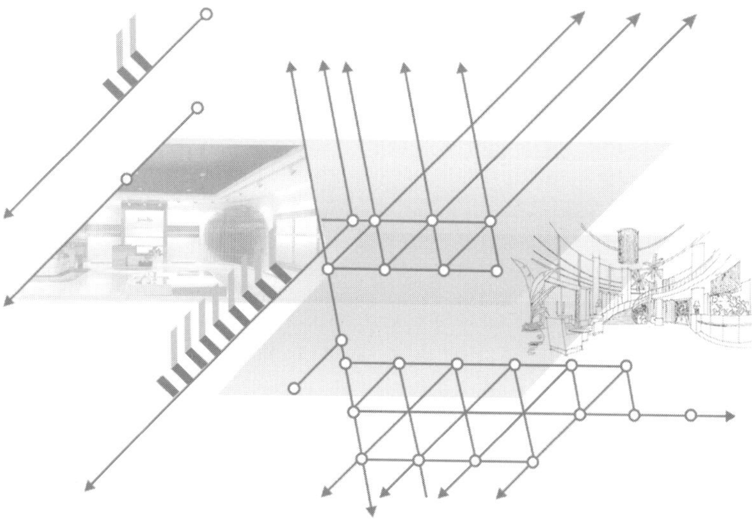

经济管理出版社
ECONOMY & MANAGEMENT PUBLISHING HOUSE

图书在版编目（CIP）数据

店铺形象影响顾客品牌信任及忠诚度研究/刘高福，聂晶著．—北京：经济管理出版社，2016.11

ISBN 978－7－5096－4772－1

Ⅰ.①店…　Ⅱ.①刘…　②聂…　Ⅲ.①零售商店—商业经营—研究　Ⅳ.①F713.32

中国版本图书馆CIP数据核字（2016）第285781号

组稿编辑：申桂萍
责任编辑：梁植睿
责任印制：黄章平
责任校对：王淑卿

出版发行：经济管理出版社
（北京市海淀区北蜂窝8号中雅大厦A座11层　100038）
网　　址：www.E－mp.com.cn
电　　话：（010）51915602
印　　刷：北京玺诚印务有限公司
经　　销：新华书店
开　　本：720mm×1000mm/16
印　　张：11.75
字　　数：210千字
版　　次：2016年11月第1版　　2016年11月第1次印刷
书　　号：ISBN 978－7－5096－4772－1
定　　价：49.00元

# 前　言

拥有对企业产品或服务品牌忠诚的顾客是企业生存与发展的基础，也是企业参与市场竞争的关键所在。企业只有为顾客提供了有价值并使其满意的产品或服务，才能促使顾客对企业产品或服务品牌产生信任，从而赢得顾客对企业产品或服务品牌的忠诚。科特勒曾指出：“品牌忠诚的顾客是企业最宝贵的资产，企业尽力设计出最好的营销组合就是要争取和保持顾客对企业品牌的忠诚。好的顾客就是资产，只要管理得当并为其服务就能够转化为企业丰厚的终身利益来源。在日益激烈的市场竞争中，企业的首要任务就是持续地使用最优的方法来满足顾客的需求，以保持顾客对企业品牌的忠诚度。”国外学者对不同类型服务行业进行研究也发现，多次光顾的顾客比初次登门者可为企业带来更多的利润。如果顾客忠诚度增长 5%，企业利润的增长幅度将达到 25% ~85%。

随着营销环境和顾客消费观念的变化，与顾客建立一种长期稳固的关系并促使顾客对企业品牌忠诚已经成为企业营销理论界和实践界研究的热点问题，也是每一个企业的核心任务和企业在市场竞争中获得长期竞争优势的根本所在。建立和拥有品牌忠诚的顾客群体也被认为是企业长期利润的重要源泉和无形资产。品牌忠诚是企业最宝贵的战略性资产，它能够带来增加企业利润、构成其他竞争者的进入壁垒、起到贸易杠杆的作用、吸引新的顾客、为企业争取响应竞争威胁的时间等一系列益处。因此，研究分析顾客品牌忠诚驱动因素和影响机制对于企业而言有着极为重要的意义。

随着我国经济的快速发展以及人口老龄化时代的到来，人民生活需求和消费结构将发生重大变化，人们对医疗卫生服务和自我保健的需求将大幅度增加。作为拥有 13 亿人口、占世界人口 1/5 的人口大国来说，未来我国药品市场发展潜力极其巨大。据 IMS Research 公司预测，中国继在 2009 年成为世界第七大药品市场之后，在2011年大跨步离开目前的“新兴”市场级别，进入全球药品市场五强的行列；到2013年，为全球药品销售贡献1/5的市场份额，成为全球第三大药品消费市场；到2020年，中国的药品市场容量将接近2200亿美元，成为仅次于美国的第二大药品消费市场；到2050年，中国将成为全世界最大的药品消费市场。

然而，尽管我国药品市场拥有良好的市场前景，但是，当前我国的药品零售企业却面临残酷的竞争。这表现在，一方面，与国外相比我国药品零售行业集中度低、零售企业数量众多。在行业集中度方面，据统计，2007年我国医药流通百强企业销售额占同期全国医药产品销售总额的68.07%；其中前10家企业占全国医药产品销售总额的33.81%；国内最大的3家医药批发企业仅占医药商业市场销售总额的19.21%。此外，在零售企业数量方面，我国药品零售企业数量众多。根据国家食品药品监督管理局（SFDA）的统计，截至2009年底，全国共有药品批发企业1.3万多家；药品零售连锁企业2149家，下辖门店13.5万多家，零售单体药店25.3万多家，零售药店门店总数达38.8万多家。实际上，由于规模小，仓储、运输高而导致的单位销售成本高等原因，我国1/3以上的医药流通企业尚处于亏损状态，即使部分盈利的企业也大多处于微利水平。

另一方面，随着国家医疗体制改革的推进和全球经济一体化进程的加速，面对中国巨大的药品消费市场，一些药品零售跨国巨头也在加速进入中国的药品零售市场，这必将促使我国的药品零售企业面临更加残酷的品牌竞争。

然而，药品作为特殊的商品，其直接关系到人民群众的生命安全和健康保障。消费者在购买药品时对品牌有特殊的偏好，62%的消费者在选择药店时会“更信任和依赖品牌，到自己喜欢的药店消费”。而且，由于信息的不对称，顾客在药店购买药品时，更多处于脆弱和依赖的特殊地位，顾客的购药行为隐含着顾客对药店品牌的信任，即存在一种“信托”的关系。

因此，如何建立和优化消费者所偏爱的店铺形象，使消费者对药店品牌产生信任，并忠诚于药店品牌，是药品零售企业获得竞争优势的关键。但是，提升店铺形象是否能够赢得顾客对品牌的忠诚？建立和优化哪些重要的店铺形象维度？怎样赢得顾客对药店品牌的信任和忠诚？店铺形象对品牌忠诚的作用机理是什么……这些问题成了药品零售企业亟须解决的重要课题，同时也成为零售管理理论界关心的热点问题。

本书通过对国内外店铺形象、品牌信任等相关文献进行深入细致的回顾和分析，发现目前研究在取得丰富成果的同时也存在需要进一步研究的问题。以往的店铺形象测评研究试图建立覆盖全部行业的测量维度，但是实践运用的结果却效果不佳；以往的品牌信任的计量方法也是缺乏特定行业背景，没有考虑行业的特殊性等影响因素；店铺形象、品牌信任及忠诚的关系大多认为是前者直接影响后者，同样也没有放在特定的行业背景中来研究。为此，本书选择中国药品零售行业作为背景行业，研究其店铺形象、品牌信任及忠诚的关系，探讨前者对后者的作用机理，并进行实证分析验证，以期实现以下目的：

（1）建立药品零售行业的店铺形象影响顾客品牌信任及忠诚作用机制的概念模型。

（2）识别并验证基于药品零售行业的店铺形象、品牌信任的特征维度。

（3）在此基础之上，验证药品零售行业的店铺形象影响顾客品牌信任及忠诚作用机制的概念模型，从而揭示店铺形象对顾客品牌信任及忠诚影响的作用机理及其对企业管理的现实价值。

为达到上述研究目的，本书进行了以下两个阶段的研究：

第一阶段，文献回顾与述评。归纳与提炼药品零售行业的店铺形象、品牌信任的测评维度，并在此基础之上，结合行业特点，设计行业的店铺形象、品牌信任的量表。通过对前人研究的总结，提出了店铺形象影响顾客品牌信任及忠诚作用机制的概念模型及其研究假设。

第二阶段，验证店铺形象、品牌信任测评维度、店铺形象对顾客品牌信任及忠诚影响的作用机制路径，确认研究假设的真伪。

在研究过程中，本书采用规范研究与实证研究相结合的方法，通过问卷调查的手段，力争科学地揭示药品零售行业的店铺形象影响顾客品牌信任及忠诚的作用机理。在定量研究中，主要采用的数据分析工具是 SPSS 18.0 和 Amos 7.0 统计软件。在实证研究过程中，本书分别作了探索性因子分析研究和验证性因子分析研究。

通过以上两个阶段的研究，本书得出了以下结论：

第一，药品零售行业店铺形象的测量维度包括：商品形象、服务形象、价格形象、便利形象、环境形象、促销形象、商誉形象共七个维度。在这七个测量维度中，服务形象、商品形象和商誉形象三个维度对店铺形象的解释作用最大，价格形象和环境形象次之，促销形象和便利形象最小。

第二，药品零售行业品牌信任测量维度包括品牌可靠性和品牌意图两个维度，其中相比较而言，品牌可靠性对品牌信任的解释作用更强。

第三，在药品零售这一特定的行业中，店铺形象对顾客品牌忠诚不具有显著的直接正向影响作用，而是通过感知价值、顾客满意、品牌可靠性和品牌意图等中介作用间接地影响顾客品牌忠诚。其中，店铺形象对感知价值具有直接的正向影响作用，但对顾客满意不具有显著的直接正向影响作用；感知价值和顾客满意对品牌可靠性和品牌意图均具有显著的直接正向影响作用；品牌可靠性和品牌意图对品牌忠诚也具有显著的直接正向影响。

第四，本书的研究假设大部分得到证实，只有药品零售业的店铺形象对顾客品牌忠诚具有直接的正向影响和药品零售业的店铺形象对顾客满意具有直接的正向影响这两个假设未能得到实证的检验。

与以往研究相比，本书的主要创新在于：

第一，建立了药品零售业的店铺形象测量维度。本书在前人既有研究成果的基础上，从商品形象、服务人员形象、价格形象、便利形象、氛围形象、设施形象、促销形象、商誉形象和售后服务形象共九个维度对店铺形象进行初始调研问卷的设计，并通过对 279 份探索性样本数据的探索性因子分析，发现这九个维度并不能准确测量和反映药品零售业的店铺形象。因此，本书根据探索性因子分析的结果将药品零售业的店铺形象测量维度调整为商品形象、服务形象、价格形象、便利形象、环境形象、促销形象、商誉形象共七个维度，其中，服务形象、商品形象和商誉形象三个维度对店铺形象的解释作用最大，价格形象和环境形象次之，促销形象和便利形象最小。验证性因子分析的结果也进一步表明，由这七个维度构成的测量体系更适合于药品零售业的店铺形象测评。

第二，提出了药品零售行业店铺形象对顾客品牌信任及忠诚影响机制的概念模型及其作用机理。本书将店铺形象作为自变量，品牌忠诚作为因变量，并以感知价值、顾客满意、品牌可靠性和品牌意图作为中介变量，构建了药品零售行业店铺形象对顾客品牌信任及忠诚影响机制的初始概念模型。通过结构方程的检验与修正后发现：店铺形象对顾客品牌忠诚不具有显著的直接正向影响作用，而是通过感知价值、顾客满意、品牌可靠性和品牌意图对顾客品牌忠诚起到间接的正向影响作用；店铺形象对顾客感知价值具有直接的正向影响作用；店铺形象对顾客满意不具有显著的直接正向影响作用；感知价值对品牌可靠性具有直接的正向影响作用；感知价值对品牌意图具有直接的正向影响作用；顾客满意对品牌可靠性具有直接的正向影响作用；顾客满意对品牌意图具有直接的正向影响作用；品牌可靠性对品牌忠诚具有直接的正向影响作用；品牌意图对品牌忠诚具有直接的正向影响作用；感知价值对顾客满意具有直接的正向影响作用。其他的二级假设也均成立。

同时，本书通过正式研究样本分组数据对结构方程模型（修正后）的普适性分析，验证了本书提出的概念模型对药品零售行业的普适性。

在此基础上，本书修正了药品零售行业店铺形象对顾客品牌信任及忠诚影响机制的初始概念模型，提出了修正后的概念模型。该模型能较好地诠释药品零售行业店铺形象对顾客品牌信任及忠诚影响的作用机理，即店铺形象提升，导致感知价值增加，进而导致顾客对药店品牌可靠性和意图的信任，从而导致顾客品牌忠诚；店铺形象提升，导致感知价值增加，从而导致顾客满意增加，进而导致顾客对药店品牌可靠性和意图的信任，从而赢得顾客品牌忠诚。

第三，产生了药品零售行业品牌信任的测评量表。本书在充分借鉴既有品牌信任实证研究测评量表的基础上，结合药品零售行业的消费者访谈结果，通过探索性和验证性因子分析，探查了消费者品牌信任与其次级维度之间的层级关系，产生了在中国文化背景下的品牌信任由品牌可靠性和品牌意图构成的二维度测评量表。这些量表为今后进一步深入实证研究药品零售业品牌信任问题奠定了一定的基础或具有理论参考价值，也为实证研究其他零售业态的品牌信任问题提供了有力的理论支持。

第四，拓宽了店铺形象与品牌信任及忠诚关系研究的视觉。本书关注的一个焦点问题即店铺形象能否充分解释直接单一作用于顾客品牌忠诚的机理问题。通过既有文献的研究发现，店铺形象是顾客品牌忠诚的一个重要影响因素，但不是唯一的因素。因此，本书将店铺形象、感知价值、顾客满意、品牌可靠性、品牌意图、品牌忠诚等予以整合，把感知价值、顾客满意、品牌可靠性、品牌意图作为中间调节变量来研究店铺形象和品牌忠诚的关系。这拓展了已有店铺形象与品牌忠诚关系研究的范围。

本书不仅丰富了店铺形象、品牌信任及忠诚关系研究领域的内容，而且还为药品零售行业的企业提供了管理实践的理论参考。

# 目　录

# 第一章 引 言

拥有对企业产品或服务品牌忠诚的顾客是企业生存与发展的基础，也是企业参与市场竞争的关键所在。企业只有为顾客提供了有价值并使其满意的产品或服务，才能促使顾客对企业产品或服务品牌产生信任，从而赢得顾客对企业产品或服务品牌的忠诚。[1]科特勒曾指出："品牌忠诚的顾客是企业最宝贵的资产，企业尽力设计出最好的营销组合就是要争取和保持顾客对企业品牌的忠诚。好的顾客就是资产，只要管理得当并为其服务就能够转化为企业丰厚的终身利益来源。在日益激烈的市场竞争中，企业的首要任务就是持续地使用最优的方法来满足顾客的需求，以保持顾客对企业品牌的忠诚度。"国外学者对不同类型的服务行业进行研究也发现，多次光顾的顾客比初次登门者可为企业带来更多的利润。如果顾客忠诚度增长5%，企业利润的增长幅度将达到25%～85%。

## 一、研究背景

随着营销环境和顾客消费观念的变化，与顾客建立一种长期稳固的关系并促使顾客对企业品牌忠诚已经成为企业营销理论界和实践界研究的热点问题，也是每一个企业的核心任务和企业在市场竞争中获得长期竞争优势的根本所在。[2]建立和拥有品牌忠诚的顾客群体也被认为是企业长期利润的重要源泉和无形资产。品牌忠诚是企业最宝贵的战略性资产，它能够带来增加企业利润、构成其他竞争者的进入壁垒、起到贸易杠杆的作用、吸引新的顾客、为企业争取响应竞争威胁的时间等一系列益处。[3]因此，研究分析顾客品牌忠诚驱动因素和影响机制对于企业而言有着极为重要的意义。

### （一）理论背景

尽管“品牌忠诚”这一概念早在1952年就已产生，但是理论界关于品牌忠诚的研究却是在20世纪60年代随着品牌忠诚理论的提出，才受到学者们的关注而成为营销学术领域研究的中心之一。经过半个多世纪的研究，学者们对品牌忠诚的研究主要存在以下三种不同的观点：一是行为学派的观点。早期对品牌忠诚的研究主要从行为视角来研究，并通过顾客购买频次、购买份额等行为来定义品牌忠诚。Brown把品牌忠诚定义为顾客连续五次购买同一品牌。[4]他通过对一组经常购买的产品，如咖啡、橙汁、肥皂及人造奶油的家庭消费者进行研究，发现在不同的产品门类中忠诚于同一品牌的家庭比例为12%～73%。Lawrence把品牌忠诚定义为顾客连续四次购买同一品牌。[5]此外，Robert和Subrata则把顾客购买比例（而不是结果）作为对品牌忠诚的行为性测度，并且把顾客对品牌的忠诚划分为对国立品牌的忠诚和对私立品牌的忠诚两种。[6]二是态度学派的观点。随着研究的深入，单纯的行为取向已不足以解释顾客品牌忠诚的产生和发展。Day（1969）指出行为忠诚的观点只是一个操作化的概念，其本质上缺乏一个明确而严密的概念化定义基础。[7]Shankar等也认为顾客品牌忠诚表现为顾客对品牌的更高层次和长期的承诺，不能仅仅依赖于观察顾客的重复购买行为。[8]因此，学者们更多地从顾客的情感、意识以及行为倾向等角度来对品牌忠诚进行研究，并定义品牌忠诚是顾客在长期的消费过程中对某一品牌的特殊偏好和专一程度。[9]三是综合学派的观点。此学派认为品牌忠诚包括态度忠诚和行为忠诚两个重要方面，品牌忠诚是内在的态度忠诚和外在的行为忠诚的统一（Jacoby，1971）。[10]态度忠诚反映顾客对某一特定产品或服务品牌内在的积极态度，是顾客在情感上对某一特定产品或服务品牌的一种偏好和依赖；行为忠诚反映顾客不易受同类竞争产品或服务品牌的诱惑，是顾客对某一特定产品或服务品牌的重复购买或口碑推广行为。[11]

事实上，在学界对顾客品牌忠诚的研究是伴随着顾客满意的研究而产生的。顾客满意（customer satisfaction）的概念由美国学者Cardozo于1965年率先引入营销学术研究领域，并提出顾客满意可以促使顾客再购行为的发生。[12]此后，顾客满意研究便成为营销领域研究的热点问题之一。不同的学者纷纷根据自身研究的需要，从不同的角度对顾客满意进行研究。在过去几十年的研究历程中，学者们在充分地吸收社会学、心理学等其他学科理论研究成果的基础上对顾客满意进行了大量的研究。学者们关于顾客满意的研究大致可以分为顾客满意的概念、顾客满意的形成机理、顾客满意与消费者行为的关系以及顾客满意测评这四个方面。在顾客满意的概念的研究方面，学者们主要从以下两个方面来对顾客满意进行理解：其一是从某次特定的消费经历或者是多次消费经历累积的满意程度来理解顾客满意；其二是从顾客对消费经历的反应是认知的或者是情感的角度来分析顾客满意。[13]在顾客满意的形成机制的研究方面，由于对顾客满意形成或顾客满意过程的研究是构成顾客满意研究的基础，所以在这一领域的研究主要侧重于分析引起顾客满意的各种因素以及顾客受这些因素影响其满意感形成的过程。[14]在顾客满意与消费行为的关系研究领域，主要有两种具有代表性的观点：一种观点认为顾客满意对顾客的购买行为具有直接的影响作用；另一种观点则认为顾客满意主要是通过顾客态度的中介作用对顾客购买行为产生间接的影响作用。不过到了 20 世纪 90 年代及以后，此领域的学者便将研究重点转向了对顾客满意与顾客忠诚关系的研究。在顾客满意测评的研究方面，主要从企业的角度来探讨如何形成一套包括各种顾客满意影响因素在内的指标体系。在这一领域具有代表性的学者是美国密歇根大学商学院质量研究中心的 Fornell，其总结了前人理论研究的成果并提出美国顾客满意指数（ACSI）模型。此后各国学者在美国顾客满意指数（ACSI）模型的基础上，一些国家相继提出了各自国家的顾客满意测评指数模型。

由于顾客一旦满意，就可能促使其导致积极的行为结果，如重复购买、口碑宣传等。对于企业来讲，一个满意的顾客会对企业的产品或服务品牌保持忠诚，从而给企业带来许多有形或者是无形的益处。一方面，对企业的产品或服务品牌忠诚的顾客会进行重复购买，增加企业的盈利；另一方面，对企业的产品或服务品牌忠诚的顾客对他人的口碑传播又可以进一步扩大企业产品或服务品牌的知名度，提升品牌形象。此外，持续高水平的顾客满意度，又可以减少顾客对企业产品或服务品牌的价格敏感度，为企业产品或服务品牌赢得长期的声誉，从而为企业带来强大的品牌优势。因此，在早期的研究中，学者们大多认为顾客满意一定会带来顾客品牌忠诚，很多企业也将赢得顾客满意作为本企业最重要的经营目标之一。

然而，随着研究的不断深入，一些来自理论和实践领域的研究发现顾客满意并不一定会带来顾客品牌忠诚。许多认为满意或者非常满意的顾客在面临购买抉择时仍会出现大量的流失，即存在“顾客满意悖论”现象。Reichheld（1993）的研究表明，在认为自己对企业产品或服务感到满意甚至十分满意的顾客中，仍有65% ~85%的顾客会转向其他企业的产品或服务，而一些对企业产品或服务感到不满意的顾客又仍然会保持与当前企业之间的关系。[15] Jones 和 Sasser（1995）通过对汽车服务消费行业的顾客调查研究发现，尽管有85% ~95%的顾客对企业的产品或服务感到满意，但是仅有30% ~40%的顾客会再次购买相同厂家生产的产品或相同产品的同一型号。[16] Torsten 等通过对德国移动通信行业客户的研究也发现，客户保持、顾客满意和品牌忠诚三者之间存在较大的差异。其中，59.8%的满意客户会完全愿意与当前企业保持服务关系，而只有23.5%的满意客户会对当前企业持续高度忠诚。[17]

上述研究表明，顾客满意并不足以反映出顾客产品或服务品牌忠诚的本质。企业仅仅拥有满意的顾客还远远不够，当市场上出现更好的产品或服务品牌时，顾客还是会转换到其他的产品或服务品牌中去。这同时也说明顾客满意并不是顾客产品或服务品牌忠诚的关键决定因素。顾客满意是决定产品或服务品牌忠诚的一个重要因素，但并不是唯一的因素，甚至不是最重要的因素。[18]因此，Thorsten 和 Alexander 认为，顾客满意并不能完全解释现有顾客对产品或服务品牌的忠诚，市场营销研究人员还需要继续关注和寻找顾客满意之外的顾客品牌忠诚驱动因素。[19]

到了20世纪90年代，随着全球政治经济格局的大调整以及各类新兴网络技术的大发展，经济全球化的趋势已经势不可当，消费者已经能够在全球范围内进行货比三家的选择，每个企业的潜在客户群体已经扩大到了全球范围，传统市场营销理论与方法在新的营销环境下面临极大的挑战。此时，西方营销理论与实践界的学者们大胆地尝试突破传统市场营销框架的桎梏，积极寻求和创建适应现代企业竞争的营销理论和方法。这其中，为了倡导企业与顾客之间建立和保持长期良好关系的关系营销（relationship marketing）理论出现了。营销也被认为是企业为顾客创造、交流和传递价值，并通过与企业利益相关者建立良好的客户关系的一系列活动过程。由于信任在顾客关系建立中具有的重要作用而受到学者们的极大关注，特别是学者 Morgen 和 Hunt 在提出组织关系市场中的信任—承诺理论（commitment - trust theory）之后，使得信任在关系营销中的重要作用受到许多营销研究者的重视。[20]

作为一种比较复杂的社会心理现象，信任受到了心理学、管理学、社会学等多学科的关注。关于信任问题的研究最早始于实验心理学家 Deutsch 对囚徒困境实验的研究，而在管理学研究中，“信任”一词首先出现在组织行为学中，20世纪90年代以后，许多研究者开始使用信任理论来解释关系性交换持续的成因。

在长期关系中，信任被认为是参与者双方相互依存的一个重要因素。相关学者在人际关系和组织间关系领域的研究表明，信任在维持人际和组织间的长期关系中起到了核心的作用。也有相关研究表明，信任能够解释关系持续的本质，可以有效地帮助预测顾客的服务忠诚水平，是研究顾客关系的一个极其重要的变量。此外，学者们普遍认同信任是维持成功的长期关系的本质要素，是关系持续下去的根本动因。

20 世纪 90 年代中后期，随着关系营销的快速发展，学者们更多地使用关系营销的理论分析框架来对顾客品牌忠诚进行研究，更加强调顾客满意、信任、承诺等关系要素在建立和保持顾客品牌忠诚中的作用，并开始将研究重点转向对品牌关系的研究。品牌关系（Brand Relationship，BR）是消费者对品牌的态度和消费者认为品牌对消费者的态度之间的互动（Max Blackston，1992）。学术界有关品牌关系的研究始于 1992 年，国际调研公司的 Max Blackston 被公认为是这一研究领域的开拓者。其在研究顾客与企业品牌之间的关系时指出，成功的、受到肯定的品牌关系都具有两项元素：品牌信任和顾客满意。[21] 从关系营销来看，与顾客建立和保持良好的品牌关系是服务企业赢得顾客品牌忠诚、获取竞争优势的关键。

当前，学术界对于究竟哪些因素能够导致顾客品牌忠诚，也即顾客品牌忠诚的驱动因素有哪些是学者们关心的焦点问题，但遗憾的是，在学术界研究者们关于究竟哪些因素能够导致顾客品牌忠诚仍然没有达成一致。近年来，很多学者对顾客忠诚的前置因素进行了理论与实证探索，根据驱动因素本身的不同，学术界对这一课题的研究大体可以概括为以下三个方面：①将顾客满意、顾客信任、顾客承诺以及感知价值等顾客主观因素作为顾客品牌忠诚的直接驱动因素。在近期的研究中，更多学者倾向于认为顾客品牌忠诚是由于两个或两个以上的驱动因素共同作用的结果，并将这些因素融合起来进行研究。②把感知质量、企业形象或品牌形象等顾客的感知因素作为顾客品牌忠诚的直接驱动因素。在零售服务行业顾客品牌忠诚的研究之中，这一模式使用较多（Kunkel & Berry[22]，1968；Dodds & Grewal[23]，1991；Grewal[24]，1998）。③将前面两个维度进行整合，即将满意、信任等顾客主观因素作为顾客品牌忠诚的直接驱动因素，而将感知质量、企业形象或品牌形象等顾客的感知因素作为顾客品牌忠诚的主观影响因素，建立综合模型。[25] 如瑞典顾客满意指数（SCSB）模型、美国顾客满意指数（ACSI）模型、欧盟顾客满意指数（ECSI）模型、中国顾客满意指数（CCSI）模型和大型超市顾客满意指数（CSI）模型。

在零售领域，顾客对零售品牌的忠诚已经成为零售企业赢得市场成功及店铺永续经营的最重要因素。随着经济环境和人们消费观念的变化，顾客对零售企业的店铺形象等非物质化的精神性需求日益上升。那么在零售服务领域，店铺形象对顾客品牌忠诚有无影响？其影响机理如何？店铺形象的影响因素又有哪些？这些因素如何影响顾客感知价值、顾客满意、品牌信任及顾客品牌忠诚……这些问题都亟待理论界作出解释。

### （二）实践背景

随着全球经济的持续发展、居民可支配收入增长、疾病谱变化、人口因素（城镇化、老龄化等因素）的影响，全球药品零售市场不断增长。人们对药品的增长需求，远远超过了对钢铁、煤炭的增长需求。在未来几年，全球药品零售市场将保持年均增长8%的快速增长态势，市场规模将从2009年的7730亿美元增加到2015年的1.2万亿美元以上。然而，对于我国的药品零售市场而言，一方面由于拥有巨大的市场潜力而具有加速发展的良好机遇；另一方面又由于药品零售行业集中度低、零售企业数量众多以及国家相关医疗体制改革制度推行等因素的影响，使得药品零售企业面临极大的挑战。

1. 我国药品零售市场拥有广阔的市场前景

随着我国经济的快速发展以及人口老龄化时代的到来，人民消费需求和消费结构将发生重大变化，对医疗卫生服务和自我保健的需求将大幅度增加。改革开放以来，特别是进入21世纪以来，我国药品市场需求稳步增强。如图1－1所示，我国药品市场在世界药品市场中的地位逐年提高。

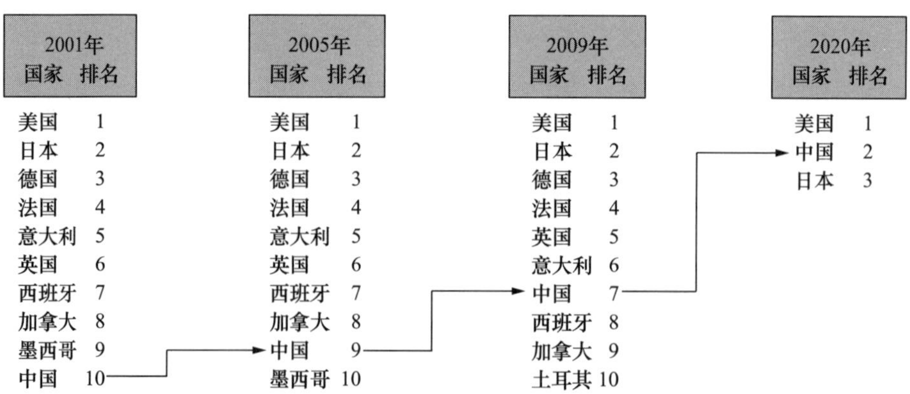


**图1－1 中国药品市场地位变化**

作为拥有13亿人口、占世界人口1/5的人口大国，未来我国药品市场发展潜力极其巨大。据权威调研机构IMS当时预测，中国继在2009年成为世界第七大药品市场之后，将在2011年大跨步离开目前的“新兴”市场级别，进入全球药品市场五强行列；到2013年，中国将为全球药品销售贡献1/5的市场份额，成为全球第三大药品消费市场；到2020年，中国的药品市场容量将接近2200亿美元，成为仅次于美国的第二大药品消费市场；到2050年，中国将成为全球最大的药品消费市场。[26]

而且，从国际药品消费的经验来看，当人均GDP达到15000美元的时候，国民药品消费将会从快速增长期转入高速增长期，人均药品消费支出将会超过1000美元。然而，当前我国人均GDP仅为2000美元左右。因此，我国药品消费的高速增长时期还没有到来。当我国人均GDP达到15000美元的时候，我国的药品消费市场规模将达到14000亿美元左右。此外，从人均药品消费的绝对值来看，我国药品市场仍存有巨大的发展空间。我国2001年人均药品消费额为179.5元（按当时汇率约合21.6美元），这一消费值相当于美国的3.3%、日本的4.1%。按照目前年均15.8%的增长速度来计算，到2012年我国人均药品消费额超过100美元，而要达到500美元，大约还需要20年。

2. 我国药品零售企业处于激烈的市场竞争阶段

尽管我国药品市场拥有良好的发展前景，但是，当前我国的药品零售企业却面临残酷的竞争。这表现在：一方面，与国外相比我国药品零售行业集中度低。据统计，2007年我国医药流通百强企业销售总额达2740亿元，占同期全国医药产品销售总额的68.07%左右；其中前十家企业销售总额达到1361亿元，占全国医药产品销售总额的33.81%；国内最大的三家医药批发企业销售总额达到773.37亿元，仅占医药商业市场销售总额的19.21%。2006年全球销售额前十位的跨国制药公司的销售额都在160亿美元以上，占全球药品市场份额的42.3%，欧盟排在前三位的药品分销企业，其市场占有率为65%，日本排在前五位的为80%，美国排在前三位的高达96%。

另一方面，我国药品零售企业数量众多。根据国家食品药品监督管理局（SFDA）的统计，截至2009年底，全国共有药品批发企业1.3万多家；药品零售连锁企业2149家，下辖门店13.5万多家，零售单体药店25.3万多家，零售药店门店总数达38.8万多家。[27]实际上，由于规模小，仓储、运输高而导致的单位销售成本高等原因，我国1/3以上的医药流通企业尚处于亏损状态，即使部分盈利的企业也大多处于微利水平。

3. 我国药品零售企业将面临更加残酷的品牌竞争

国内外宏观环境的变化，如医疗体制改革制度的推行、全球经济一体化进程的加快等因素的影响促使我国药品零售企业面临更加残酷的品牌竞争。一方面，国内医疗体制改革制度的推进促使我国药品零售企业进行激烈的品牌竞争。国家在新的医改方案中已经明确提出要加大药品流通体制的改革。同时，针对我国药品流通“散”、“乱”、“小”的局面，国家商务部在2011年公布了旨在促进行业集中度的《全国药品流通行业发展规划纲要（2011～2015年）》也明确指出，计划到2015年，国家将形成1～3家年销售额过千亿元的全国性大型医药商业集团，20家年销售额过百亿元的区域性药品流通企业；药品批发百强企业年销售额占药品批发总额的85%以上，药品零售连锁百强企业年销售额占药品零售企业销售总额的60%以上；连锁药店占全部零售门店的比重提高到2/3以上。这也就意味着在药品流通领域，国家在今后几年将大力鼓励发展连锁药店这一业态。这必然会导致行业洗牌和整合的步伐大大加快，药品零售业将进入更加激烈的品牌竞争阶段。

另一方面，随着全球经济一体化进程的加速，以及我国加入世界贸易组织后对外全面开放零售服务业的承诺，面对中国巨大的药品消费市场，一些跨国药品零售巨头正在加速进入中国的药品零售市场。这些内外因素的叠加必将促使我国的药品零售企业面临极其残酷的品牌竞争。

然而，药品作为特殊的商品，其销售与使用直接关系到人民群众的生命安全和健康保障。消费者在购买药品时对品牌有特殊的偏好，62%的消费者在选择药店时会“更信任和依赖品牌，到自己喜欢的药店消费”。[28]而且，由于信息的不对称，顾客在药店购买药品时，更多处于脆弱和依赖的特殊地位，顾客的购药行为隐含着顾客对药店品牌的信任，即存在一种“信托”的关系。

因此，如何建立和优化消费者所偏爱的店铺形象，使消费者对药店品牌产生信任，并忠诚于药店品牌，是药品零售企业获得竞争优势的关键。但是，提升店铺形象是否能够赢得顾客对品牌的忠诚？建立和优化哪些重要的店铺形象维度？怎样赢得顾客对药店品牌的信任和忠诚？店铺形象对品牌忠诚的作用机理是什么？这些问题成了药品零售业亟须解决的重要课题，同时也成为零售管理理论界关心的热点问题。

## 二、研究目的

基于上述的背景分析，我们可以知道，店铺形象如何影响消费者对零售商品牌信任及忠诚的关系研究已经引起了学术界的关注，成了当前学术界研究的前沿问题；同时，其又是当前我国药品零售企业在经营管理实践中迫切需要解决的问题。本书将在系统梳理、吸收前人相关理论研究成果的基础上，基于消费者的视角来研究店铺形象对顾客品牌信任及忠诚的关系，力求更为全面地解释和揭示店铺形象对顾客品牌信任及忠诚的作用机理问题，为正处于激烈品牌竞争中的我国零售企业，特别是药品零售企业的经营管理实践工作提供一定的理论指导和实证支持。

具体来讲，本书的研究目的有以下三点：

第一，通过对国内外相关文献的述评研究，建立药品零售企业的店铺形象对顾客品牌信任及忠诚关系的概念模型。

第二，通过探索性因子分析，识别并验证药品零售业的店铺形象、品牌信任的特征维度。

第三，在实现上述目的之后，基于消费者的视角，以药品零售业为具体的实证研究对象，验证药品零售企业的店铺形象与顾客品牌信任及忠诚关系的概念模型，检验店铺形象与顾客品牌信任及忠诚的内部关系，从而揭示和解释店铺形象对顾客品牌信任及忠诚的作用机理及其对药品零售企业经营管理的现实意义。

## 三、研究意义

20 世纪 50 年代后期，西方学术界开始对店铺形象的研究产生兴趣，而到 20 世纪 70 年代中后期，店铺形象便成为零售管理研究的热点问题之一。本书以药品零售业为行业研究背景，其不仅对中国药品零售企业具有经营管理的实践意义，而且对零售管理理论的创新发展也具有一定的理论意义。

### （一）研究的实践意义

我国始于计划经济时代的药品零售业，自改革开放之后，逐步放开，经过十几年的发展，从无到有、从有到大，行业规模日趋庞大、行业竞争日趋激烈、顾客抱怨不断出现，顾客流失情况严重、药店品牌信任及品牌忠诚问题也日显突出。

本书基于药品零售行业的这一现实背景，对药品零售行业的店铺形象构成维度进行分析，建立适合药品零售行业自身特点的店铺形象测评体系，并对药品零售行业的店铺形象与感知价值、店铺形象与顾客满意、感知价值与顾客满意、感知价值与品牌信任、顾客满意与品牌信任、品牌信任与品牌忠诚的关系进行研究，为药品零售企业的店铺形象营销战略及品牌管理提供一些具有实践指导意义的结论，为药品零售企业经营管理水平的提高提供些许帮助。

### （二）研究的理论意义

对店铺形象的研究在国外已经有了 50 多年的历史，有关店铺形象与顾客品牌忠诚关系的研究也比较充分。然而，在我国由于种种原因，研究才刚刚起步，从以往仅有的少量文献来看，主要集中在店铺形象与感知价值、顾客满意、顾客忠诚，以及店铺形象与决策形态、决策风格、品牌权益等变量之间的关系研究。[29~32]较多考虑的是店铺形象对某一两个变量的影响上，而没有进行店铺形象对感知价值、顾客满意、品牌信任、品牌忠诚等多变量影响的整合性研究，相关作用机制也并不清楚。此外，在零售业态上主要集中在大型超市、百货商店等，对于药品零售店这种专业店业态，国内外尚未发现相关研究成果。基于消费者视角，关于药品零售企业的店铺形象对顾客品牌信任及忠诚的研究本书是初次涉入。

为此，本书选择药品零售行业作为实证研究的行业背景，对该行业店铺形象与顾客品牌信任及忠诚的关系进行探索，建立适合药品零售企业的店铺形象、品牌信任测量维度，为现有的零售管理理论进行完善和补充；建立店铺形象对顾客品牌信任及忠诚影响机制的概念模型，通过对药品零售企业的实证研究，分析店铺形象与感知价值、店铺形象与顾客满意等相关变量的作用关系，为药品零售企业的店铺形象对顾客品牌信任及忠诚作用机制提供理论支撑。

## 四、研究内容

为达到上述的研究目的，实现既定的研究价值，本书的研究内容主要包括：系统地回顾国内外店铺形象与品牌信任管理方面的研究文献，总结已有研究成果及其不足，在此基础之上探求本书的切入点与突破点；研究店铺形象管理中涉及的一些基本理论问题，如店铺形象的概念与特征、分类、测量维度等，为下一步的研究奠定坚实的理论基础；研究适合药品零售业的店铺形象与品牌信任测量维度；研究药品零售业店铺形象与品牌信任的关系及其如何通过感知价值、顾客满意等中间变量影响品牌信任及忠诚，从而揭示店铺形象对顾客品牌信任及忠诚的作用机制。为完成这些研究内容，本书各章节的内容安排如下：

第一章，引言。本章描述了本书研究的背景，指明了本书的研究目的与研究意义，简要介绍了本书的主要研究内容和框架结构，说明了本书所采用的研究方法和研究技术路线。

第二章，文献综述。根据研究的需要，本章对店铺形象、信任、品牌信任等方面研究的相关文献进行了梳理和归纳。

第三章，研究设计。本章结合药品零售业的自身特点，在相关研究和理论基础之上，提出了药品零售业店铺形象与顾客品牌信任及忠诚关系的概念模型，并提出了相关的研究假设。在此之后，定义了研究的变量与计量尺度，设计了相应的调研方案。

第四章，前测分析。本章主要就部分样本数据进行描述性统计分析、探索性因子分析，对初始问卷的信度与效度进行检验，并据此结果对问卷和概念模型进行了修改与调整。

第五章，数据分析。本章对正式调研的样本数据进行数据质量分析，包括描述性统计分析和验证性因子分析。

第六章，检验修正。本章在第五章的基础之上，对概念模型进行了检验与修正，并进一步验证了研究假设的真伪，同时也对修正后模型的行业普适性展开了验证。

第七章，研究结论。本章主要对研究结果进行了讨论并提出有关的管理实践建议。

第八章，结语。说明本书的主要创新点和需要改进的地方，并展望后续的研究方向。

本书的逻辑思路和篇章结构安排总结如图 1－2 所示：

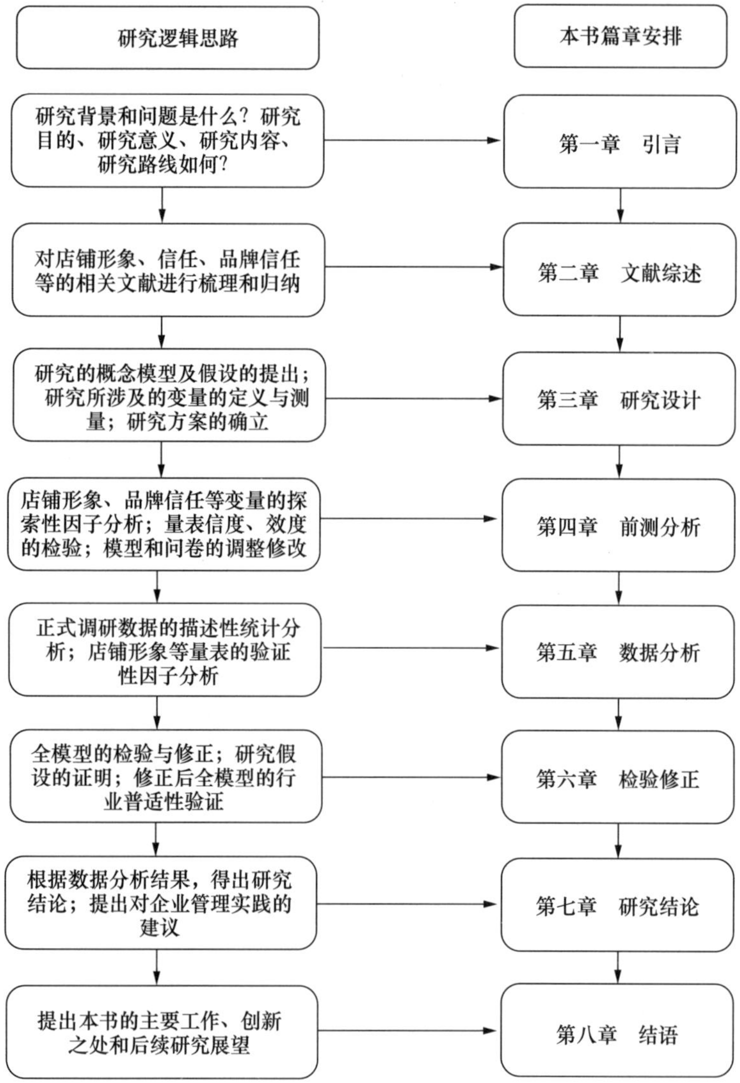


图 1－2　逻辑思路和篇章结构安排

## 五、研究路线

本书主要采用规范与实证的研究方法，通过问卷调查的手段，力争科学地揭示药品零售业的店铺形象与顾客品牌信任及忠诚关系及其相互间的作用机理。在定量研究中，主要采用的数据分析工具是SPSS18.0和Amos7.0统计软件。本书拟采用以下的技术路线，如图1－3所示。

本书的研究工作主要分为以下三个阶段进行：

第一阶段为理论研究阶段。在本阶段，通过现实的观察和实践调研以及对当前有关文献的研究，确定本书的研究问题。在相关研究和理论基础上提出本书的概念模型与理论假设，并对店铺形象、感知价值、顾客满意、品牌信任、品牌忠诚等量表进行定义和设计。

第二阶段为实证研究阶段。在本阶段，为保证调研与数据分析的合理性与完整性，本书的实证研究分为探索性研究样本数据分析和正式样本数据分析两个步骤进行。在探索性研究中，将根据初始概念模型进行本书的初始问卷设计，进行探索性研究的数据调研，并对探索性研究的样本数据进行描述性统计分析、探索性因子分析、信度与效度分析，进而依据分析结果对初始概念模型和问卷进行修正。在正式样本数据分析研究中，将根据正式样本调研数据，进行描述性统计分析、信度分析、正态分布检验、验证性因子分析、全模型的检验与修正以及研究假设的验证。

第三阶段为研究结论与展望阶段。在本阶段，将根据实证研究的结果，展开进一步的分析，得出在某一特定零售业态背景下店铺形象对顾客品牌信任及忠诚的关系模型与相应假设真伪的验证，并结合我国药品零售行业发展的特点和实际，探索其对药品零售企业经营管理实践的启示。最后，提出本书的创新与不足之处，并对未来的进一步研究进行展望。

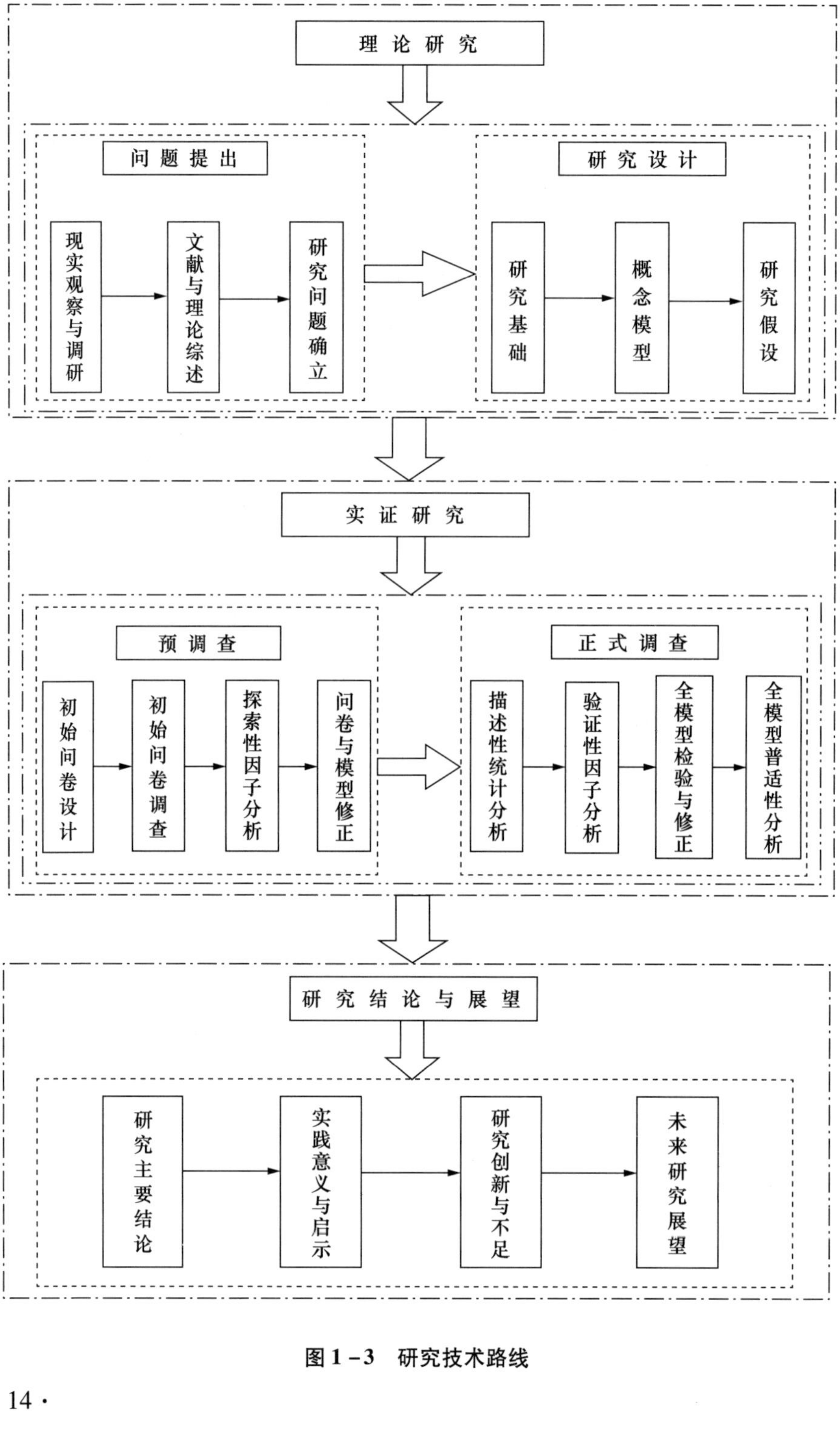
理论研究
问题提出
现实观察与调研
文献与理论综述
研究问题确立
研究设计
研究基础
概念模型
研究假设
实证研究
预调查
初始问卷设计
初始问卷调查
探索性因子分析
问卷与模型修正
正式调查
描述性统计分析
验证性因子分析
全模型检验与修正
全模型普适性分析
研究结论与展望
研究主要结论
实践意义与启示
研究创新与不足
未来研究展望

图1-3 研究技术路线

# 第二章　文献综述

在此部分首先对形象和信任词语的来源、各个学科中的研究进行探讨，回顾店铺形象和品牌信任的文献，并在前人研究的基础上提出本书的创新拓展方向。

## 一、店铺形象

形象的概念涵盖了较多层面的内容，人们往往很难对其有一个全面的概括，在已有的文献中对此也没有统一的定义。[33]《辞海》对“形象”有以下四种解释：①能启发人的认识活动的具体形状；②人或集体的表现以及给予他人的总体印象；③文学艺术反映社会生活的特殊形式，作者通过艺术概括塑造出来的具体生动的生活图景，通常以人物形象为主；④表达的具体生动。[34]在《牛津现代英汉双解词典》中对形象的解释是：①塑像、肖像（石像等）；②声誉；③（镜子或透镜反映出的）映像、镜像；④外貌，外表；⑤酷似的人（或物）；⑥典型；⑦明喻、隐喻；⑧（头脑中的）形象、思想、想法。[35]

从心理学的角度来看，形象是人们通过视觉、听觉、触觉、味觉等各种感觉器官在大脑中形成的关于某一事物的整体印象，简言之就是知觉，即各种感觉的再现。但是，形象不是事物本身，而是人们对事物的感知，不同的人对同一事物的感知会有所不同，因而形象受到人的意识和认知过程的影响。因此事物在人们头脑中形成的不同形象会对人的行为产生影响。

在学术界，普遍认为形象（image）一词最早是由 Boulding 所提出，其把形象定义为：形象是一种主观的知识，而不是事实，它是根据个人所获得的信息所形成的一种观念。Boulding 认为，在人类决策行为中，人们经常会尝试用一些简单的象征来传达所要表达的价值和意义，所以，形象是一个重要的变量。虽然 Boulding 并未将形象的概念运用于营销研究之中，但是其所提出的概念却是后来学者们研究店铺形象主要的参考来源。[36]

自从 20 世纪 50 年代 Martineau 首次将形象概念应用于零售研究领域以来，店铺形象一直是零售学研究领域的一个重要概念。Davies 和 Brooks（1989）认为如何成功地进行形象定位是零售商面临的主要战略性挑战。[37] 然而，店铺形象的概念受到品牌形象概念的极大影响，品牌形象首先被笼统地定义（Newman，1957[38]；Herzog，1963[39]），在随后的定义中又包括品牌的象征意义（Pohlman & Mudd，1973[40]；Frazer，1983[41]），后来甚至又包括品牌的个性（Sirgy，1985[42]；Hendon & Williams，1985[43]；Debevec & Iyer，1986[44]）。同样，店铺形象的概念也被不断地认识，综观店铺形象的研究历程，其大体经历了如下三个阶段：第一，店铺形象的概念定义阶段（Martineau，1958[45]；Arons，1961[46]）；第二，表征店铺形象组成部分的测量划分阶段（Berry，1969[47]；Lindquist，1974[48]）；第三，探索店铺形象各组成部分对消费者影响作用的阶段（Jain & Etgar，1976[49]；Thang & Tan，2003[50]）。本书将在接下来的店铺形象文献综述部分，沿着这一思路来探寻、梳理店铺形象的研究过程。

### （一）内涵界定

店铺形象的含义较为丰富，在当前国内外有关店铺形象的研究之中，学者们对它仍未有一个统一的定义。在以往的有关店铺形象的文献研究中，第一个有关店铺形象的一般性定义被 Martineau（1958）所界定，他认为店铺形象是消费者在心里定义商店的方式，其部分地由功能属性组成，部分地由心理属性组成。[45] 三年之后，Arons（1961）用商店的个性来定义店铺形象，并认为店铺形象是消费者感知到的有关商店的多种关系和意义的复合体。[46] Amirani 和 Gates 甚至提出可以使用一些有形的和无形的属性对店铺形象进行度量。[51] 在随后的研究中，学者们纷纷根据自己的研究需要提出了自己对店铺形象的定义，至今学术界对店铺形象仍无一个明确、统一的定义。表 2-1 是学者们对店铺形象所下的定义汇总。

**表 2-1　店铺形象定义汇总**

| 学者 | 商店形象的定义 |
| --- | --- |
| Martineau（1958）[45] | 店铺形象是顾客在自身心智中界定商店的方式，其部分地由功能性属性组成，部分地由心理感受属性组成 |
| Arons（1961）[46] | 店铺形象是消费者感知到的有关商店的多种关系和意义的复合体 |
| Wyckham（1967）[52] | 店铺形象是顾客基于购买经验对店铺属性的累积性认知 |
| Kunkel 和 Berry（1968）[22] | 店铺形象是过去在此购物环境下购物的结果，过去的经验是形成店铺形象的重要因素 |
| Berry（1969）[47] | 店铺形象是某人与某一特定商店购买经验相联系的概念化的或某种期待的总体性强化 |
| Lindquist（1974）[48] | 店铺形象其本质上是一个由消费者所认知和感觉到的商店有形的功能性要素与无形的心理性要素组成的混合体，即消费者由这些功能特质与心理属性形成的商店的形象 |
| Oxenfeldt（1974）[53] | 店铺形象是顾客对商店多种特性的心理客观描述，其比组成商店的各部分的总和所表述的内容更加丰富 |
| James 等（1976）[54] | 店铺形象是指消费者对其认为重要的商店属性加以评估所形成的态度组合 |
| Bearden（1977）[55] | 店铺形象是消费者对商店的中心印象，其由价格、产品质量、分类、商店气氛、方位、停车便利、友好的员工所组成 |
| Hirschman（1981）[56] | 店铺形象是消费者将某商店与其他商店进行比较之后所得到的主观印象，是对商店的独有认知性架构 |
| Mueller 和 Beeskow（1982）[57] | 店铺形象是某一商店在消费者头脑中所唤起和激活的所有客观或主观的想象、态度、意见、经验、愿望和感觉的总和 |
| Dichter（1985）[58] | 商店形象是商店在人们心目中的整体形象，是由商店各个构面所形成的全面性的整体概念 |
| Kapferer（1986）[59] | 店铺形象是一个既包括有关商店物理的、个性的、文化的因素，又包括商店的功能性和象征性因素，以及顾客基于已有知识与经验对它们的整体解读因素的广泛概念 |
| Mazursky 和 Jacoby（1986）[60] | 店铺形象是：①一组认知或情感；②由推论而得知的一种结果；③对某种现象（如商店、商品、销售或事件、对象等）的一组既存知觉或记忆；④对个体而言，那些知觉或记忆代表重要的现象或意义 |
| Ghosh（1990）[61] | 店铺形象是顾客心里对店铺的独特印象，其包括方位、商品、店铺氛围、顾客服务、价格、广告、销售促销项目等 |
| Steenkamp 和 Wedel（1991）[62] | 店铺形象是消费者对商店相关特性认知的总体态度 |

续表

| 学者 | 商店形象的定义 |
| --- | --- |
| Keaveney 和 Hunt（1992）[63] | 店铺形象不仅是顾客对某一特定商店的功能印象，也是顾客对某一已经存在的商店及零售类别中的记忆与联想 |
| Amirani 和 Gates（1993）[51] | 店铺形象是在顾客记忆中有关某一商店的一些有形的和无形的相关属性 |
| Osman（1993）[64] | 店铺形象是消费者通过在商店的消费经历所感知的商店属性的总和，是其所感知到的商店个性 |
| Engel 等（1995）[65] | 店铺形象是在消费者心目中一些能够反映商店突出特性的态度 |
| Bloemer 和 Ruyter（1998）[66] | 店铺形象是消费者对商店特性的总体认识和感知 |
| Berman 和 Evans（1998）[67] | 店铺形象的基本概念为商店功能性和情感性属性的整体性组合，是购物者对某商店的整体政策与实际的期望 |
| Nguyen 和 Leblanc（2001）[68] | 店铺形象是消费者基于过去与商店互动的行为或所得的经验而形成的对商店或企业的态度与信念 |
| Thang 和 Tan（2003）[50] | 店铺形象是顾客对商店特殊属性的感知，包括商品分类、商店设施、市场位置、商品推销、店铺氛围、店铺内服务、便利性、声誉推广、售后服务等 |
| Grewal 等（2003）[69] | 店铺形象是顾客在与其他商店比较之后，对某一商店特性的分类记忆 |
| Chang 和 Tu（2005）[70] | 店铺形象是顾客对商店个性总体感知，其由商店设施、商店服务、商店活动和商店的便利性组成 |
| Moore 等（2005）[71] | 店铺形象是顾客对商店的感知形象，其是一个多维度的概念，由一般性维度、外形特殊维度和销售人员服务组成 |
| Burt 和 Mavrommatis（2006）[72] | 店铺形象是顾客感知到的商店独特的销售主张，是商店品牌形象与其他商店的品牌形象的不同之处，店铺形象可以由店铺服务质量、商品价格与价值、在商店购物的时间效率组成 |
| Herstein 和 Vilnai－Yavetz（2007）[73] | 店铺形象是顾客在商店购物经验的总体强化，是对商店特性的强烈感知，店铺形象可由对外宣传、内部环境、销售人员、商品种类、支付和促销活动、便利方面、商品价格组成 |
| Burt 和 Thelander（2007）[74] | 店铺形象是顾客基于以往在商店消费体验的基础上，从自身视角出发对商店的一种个人的、主观的印象或看法，是顾客心中对商店品牌想象的图画 |
| Nijssen 和 Douglas（2008）[75] | 商店形象是顾客有关商店属性的一系列感知，它反映在顾客的长期记忆中，其对顾客的商店选择行为有重要影响，其可用环境形象、公平交易形象、商品国际性品牌形象组成 |

续表

| 学者 | 商店形象的定义 |
| --- | --- |
| Borna 等（2008）[76] | 店铺形象是顾客对商店各种感知要素的组合体，店铺形象由商品价格、地点方便性、商品质量、一般服务、销售人员形象组成 |
| Theodoridis 和 Chatzipanagiotou(2009)[77] | 店铺形象是顾客感知到的商店特性的总和，其是一个多维度的概念，由店内商品、商品定价、店内氛围、销售人员、促销活动、店内的便利性组成 |
| 江明华和郭磊（2003）[78] | 店铺形象是消费者对商店的整体主观知觉 |
| 朱瑞庭和许林峰[79]、吴长顺和范士平（2004）[80] | 商店形象包括：①对商店整体的感觉；②消费者主观的印象；③消费者对商店的长期的态度，在短期内不易改变；④一个具有多元属性的综合体，包括功能性属性和情感性属性；⑤消费者和商店之间的一个互动的过程，消费者过去的经验和判断会对消费者今后的行为产生影响；⑥一个多层面的概念，与消费者的态度相比，店铺形象的形成过程更为复杂，其一旦形成就会在较长的时间内保持稳定并持续地影响今后的商店选择行为 |
| 汪旭晖和陆奇斌（2007）[29] | 店铺形象是消费者对店铺商品、服务、价格、环境等多维度的一种综合性评价 |
| 杨宜苗（2009、2010）[30][36] | 店铺形象是顾客对商店的总体感知，其由便利形象、商品形象、服务形象、促销形象、价格形象、气氛形象、设施形象和声誉形象等因素组成 |

资料来源：根据相关资料整理。

以上研究表明，在过去几十年内，出现在我们面前的是一个不同范围但有重复定义的店铺形象概念。然而，许多研究者采用 Kunkel 和 Berry[22]（1968）对店铺形象的定义，认为店铺形象是顾客对商店的总体概念，或者是能够加强顾客为什么在某一特定商店购物的联系（Lindquist，1974[48]；Hirschman，1981[56]；Zimmer & Golden，1988[81]）。综上可知，学者们很难给店铺形象下一个统一的定义。对于其中的可变与不变量、意义的复杂性以及顾客对于零售商的关系这些都已经有所认识。一些可变与不可变量之间的相互作用，以及顾客基于已有知识和经验对这些因素的整体诠释，都被广泛地用来衡量店铺形象。本书认为店铺形象是顾客在与商店的长期交往中所形成的对商店特性的感知，是顾客在心里对商店个性的定位。

### （二）测量维度

在店铺形象的实证研究中，许多研究者对表征店铺形象的组成进行了大量的研究，努力探寻一个更具操作性的店铺形象的概念。早期的研究者 Martineau（1958）从以下两个方面来测量店铺形象：一方面是商店的功能属性，包括商品质量和可选择性、商店设计、价格范围和其他客观的或者技术的特性；另一方面是商店对顾客心理或者情绪的属性，比如商店的气氛和风格、销售人员行为和风度、广告的类型和质量、服务的质量和商店的声誉。[45] 在 Martineau 之后的有关店铺形象测量维度的研究中，发现了一定数量的类似维度，但关于店铺形象测量维度的本质和数量，也取得了更具复杂和差异性的结果。Fisk（1961）认为有六个不同的店铺形象测量维度：商店位置、适合的商品、商品价格、充足的服务、和谐的气氛以及购买后满意。[82] Berry（1969）在研究百货商店时，认为以下 12 个因素有助于测量店铺形象：商店位置、销售人员、商品价格、商品的质量和种类、购物方便性、商店服务、时尚性、促销活动、商店广告、商店气氛、商店在退货或索赔方面的声誉。[47]

Lindquist（1974）指出可以使用九个方面的属性来测量店铺形象，这九个属性维度是：商品、服务、顾客、实体设施、方便、促销、商店气氛、组织因素、教育后满意。[48] Hirschman（1981）提出了 10 个维度：店员服务、位置、价格、信用卡或结算政策、设计和气氛、商品的质量和种类、商品展示、有保证条款、交易和退货政策、销售中的零售储蓄代表。[56] Oppewal 和 Timmermans（1997）认为店铺形象有商品价格、商店位置、店内氛围、商品可选择性、相关服务、商品质量六个维度。[83] Pessemier（1980）认为有方便的位置、好的总体价值、商品选择的宽度、合理的价格、愉悦的购物环境、流行的商品、商品的质量和对购买有帮助的销售人员八个维度。[84] Jacoby 和 Mazursky（1984）在他们关于如何使店铺形象与品牌形象相一致的研究中提出了八个可控的测量维度。[85]

Peterson 和 Kerin（1983）以及随后的 Wu 等（2004）从 10 个维度测量零售形象。[86-87] Amirani 和 Gates（1993）以及 Teas（1994）使用商品质量、销售人员数量、到商店的购物价值、商品价格、顾客群体、销售人员专业性、商品的可选择性、商店外部形象、商品类型、店内气氛、服务政策、总体印象 12 个维度，[51][88] 而 Zimmer 和 Golden（1988）则用关联商品、商店反应、商店标志、商店标准、商店特性说明、总体情感六个维度来反映店铺形象。[81] Westbrook 和

Black（1985）以及Jarratt（1996）将店铺形象的这些属性融合成一个更具结构性的框架。[89-90]他们认为店铺形象的这些属性包含在商店的三个方面：提供的商品、商店环境和服务。Hartman和Spiro（2005）回顾了用于测量店铺形象的传统属性，并将它们精简为以下五个方面：商品、气氛、外观、方便和推销。[91]表2-2是学者们在对店铺形象进行测量时所使用的维度汇总。

**表2-2 店铺形象测量维度汇总**

| 作者及时间 | 测量维度 |
|---|---|
| Martineau（1958）[45] | 价格范围、商品质量、地点、商品种类、商品陈列、建筑构造、符号、颜色、广告及销售人员 |
| Fisk（1961）[82] | 地点便利性、商品适合度、商品价格、销售人员与服务、店内设计及气氛、购后满意度 |
| Dennis和Norbert（1964）[92] | 商店外观、商品组合、服务、商品价格 |
| Rich和Portis（1964）[93] | 商品种类、商品价格、销售人员服务态度、购物便利性、有效率的商店设计及展示 |
| Kunkel和Berry（1968）[22] | 销售人员、商品促销、商品价格、商品质量、商品种类、地点便利性、其他便利因素、商品时尚性、商店服务、商店广告、商店气氛、赔偿的信誉 |
| Berry（1969）[47] | 商品品质、商品种类、销售人员、商店气氛 |
| Stephenson（1969）[94] | 商品广告、商店实体特征、地点的便利性、朋友对商店的感觉、商品选择、商店人员、价格、商店可靠性 |
| Doyle和Fenwick（1974）[95] | 商品、价格、品类、样式、商店地址 |
| Lindquist（1974）[48] | 商品、服务、顾客群体、实体设施、便利、商店气氛、促销、组织因素、交易后满意 |
| Hansen和Deutscher（1977）[96] | 商品、服务、顾客、有形设施、便利性、促销、商店氛围、组织因素、售后服务 |
| Bearden（1977）[55] | 商品价格、商品质量、品类、气氛、地址、停车设施、销售人员态度 |
| Hirschman（1981）[56] | 销售人员服务水准、商店地点、商品价格、信用或付款政策、商店布置及气氛、商品品质、商品种类、商品展示、保证与退货政策、促销 |
| Menezes和Elber（1979）[97] | 商店外观、商品品类、价格、服务 |
| Pessemier（1980）[84] | 方便的位置、好的总体价值、商品选择的宽度、合理的价格、愉悦的购物环境、流行的商品、商品的质量和对购买有帮助的销售人员 |
| Zimmer和Golden（1988）[81] | 属性说明、总体情感、商店标志、商店标准、关联产品、商店反应 |

续表

| 作者及时间 | 测量维度 |
|---|---|
| Wagner 等（1989）[98] | 商品销售历史、商品运送、包装、商品质量、商品流行性、服务、商品制造国、商店声誉 |
| Louviere 和 Johnson（1990）[99] | 商品价格、商品质量、商品品类、店址便利性、服务、退货政策 |
| Amirani 和 Gates（1993）[51] 以及 Teas（1994）[88] | 商品质量、销售人员数量、到商店的购物价值、商品价格、顾客群体、销售人员专业性、商品的可选择性、商店外部形象、商品类型、店内气氛、服务政策、总体印象 |
| Reardon 等（1995）[100] | 商品、店内氛围、购物价值、服务、顾客、便利性 |
| Berman 和 Evans（1995）[101] | 目标市场的特性、商店地点、商品种类、价格水平、商品实体属性、信用及其他服务的适用性、对市民的责任、广告、服务人员的形态、促销活动 |
| Oppewal 和 Timmermans（1997）[83] | 商品价格、商店位置、店内氛围、商品可选择性、相关服务、商品质量 |
| Bloemer 和 Ruyter（1998）[66] | 地址、商品、商店氛围、顾客服务、价格、广告、销售人员、销售促进 |
| Chowdhury 等（1998）[102] | 人员服务、商品质量、氛围、便利性、价格/价值、商品选择范围 |
| Sirohi 等（1998）[103] | 商品价格、整体服务质量（作业程序、实体设备、人员服务质量）、促销活动、商品质量 |
| Grewal 等（1998）[24] | 商店购物氛围、服务水准、商品品质 |
| Samli 等（1998）[104] | 销售人员、服务政策、分类/选择、设计、魅力、价格、便利性、商品质量、商店改进、社会联系 |
| Burt 和 Carralero – Encinas（2000）[105] | 物理环境特性、定价政策、产品类别、售后服务、商品品质、商店声誉 |
| Wong 和 Teas（2001）[106] | 商品质量、位置便利性、人员服务 |
| Wang 和 Yu（2001）[107] | 地点、商品、服务、商店名气、硬件设施、销售动机 |
| Hanna 和 Wozniak（2001）[108] | 店内的商品组合、顾客服务的水准、促销活动、是否童叟无欺、社区活动的涉入程度、商店氛围 |
| Byoungho 和 Kim（2001）[109] | 设备便利、服务便利、拥挤的不便性、整齐或宽广的环境、竞争性价格、流行商品 |
| Wong（2003）[110] | 商店位置、商店信誉、服务品质、独特性、便利性、促销 |
| Thang 和 Tan（2003）[50] | 商品、氛围、服务、易到达、便利性、声誉、促销、过去交易经验 |
| Dong – Mo Koo（2003）[111] | 氛围、位置、设备便利性、价值、人员服务、商品、售后服务 |
| Chang 和 Tu（2005）[70] | 商店设施、商店服务、商店活动和商店的便利性 |
| Moore 等（2005）[71] | 一般性维度、外形特殊维度、销售人员服务 |

续表

| 作者及时间 | 测量维度 |
| --- | --- |
| Vahie 和 Paswan（2006）[112] | 服务形象、便利形象、商品质量、商品种类、价格形象、气氛形象 |
| Burt 和 Mavrommatis（2006）[72] | 服务质量、商品价格/价值、购物时间效率 |
| Zee－Sun Yun 和 Linda（2007）[113] | 店内商品、商店服务、商店氛围 |
| Nijssen 和 Douglas（2008）[75] | 环境形象、公平交易形象、商品国际性品牌形象 |
| Borna 等（2008）[76] | 商品质量、商品价格、地点方便性、一般服务、销售人员 |
| Orth 和 Green（2009）[114] | 商品价格/价值、服务、商店气氛、商品质量、商品可选择、便利性 |
| Theodoridis 和 Chatzipanagiotou（2009）[77] | 店内商品、商品定价、店内氛围、销售人员、促销活动、购物的便利性 |
| Amit 等（2010）[115] | 商店销售人员、商店气氛、商店服务、便利性、对待抱怨的反应、购物顾客 |
| Hsu 等（2010）[116] | 商品属性、服务属性、商店的气氛、销售与促销手段 |
| 江明华和郭磊（2003）[78] | 购物体验、商店整体形象、服务水平、商品质量 |
| 吴长顺和范士平（2004）[80] | 商品种类、商品质量、商品价格与促销、布置与陈列、商店位置、卖场环境与氛围、营业便利性、服务、实体设施、组织因素 |
| 顾庆良和严巍（2004）[117] | 拥挤程度、商店氛围、交通成本、熟悉程度、流行名牌、商品特性 |
| 朱瑞庭和徐林峰（2004）[79] | 服务、价格、广告、销售人员、商品陈列、购物的便利性和舒适性 |
| 王正选和祁红波（2006）[118] | 商品、服务、商店设施、便利性、广告促销、商店气氛、购后满意 |
| 宋思根（2006）[119] | 商品形象、氛围形象、价格形象、便利形象 |
| 汪旭晖和陆奇斌（2007a）[29] | 商品整体形象、店铺服务形象、店铺价格形象、广告及促销形象、店铺环境形象、便利性形象 |
| 汪旭晖（2007b）[120] | 便利形象、环境形象、商店设施形象、人员服务形象、店内商品形象、价格形象、广告促销形象、售后服务形象 |
| 杨宜苗和夏春玉（2009）[30] | 商品形象、服务形象、价格形象、便利性形象、促销形象、气氛形象、设施形象、声誉形象 |
| 吴锦峰（2009）[31] | 组织因素、便利性、购物环境、商店设施、人员服务、店内商品、价格感知、广告促销和购后满意 |

资料来源：根据相关资料整理。

从以上的研究文献我们可以看出，一些维度，例如：销售人员、价格、商品、顾客服务、商店的设计和展示，被较多研究者所提及。尽管存在类似，然而，在店铺形象类型和构成维度认识上的差异还是非常明显的。根据 May（1971）的研究，有 6～42 个店铺形象维度在不同的研究中被使用。[121] 出现这种情况的原因之一是他们没有抓住丰富的店铺形象的结构（Keaveney 和 Hunt，1992[63]）。Fisk（1961）以及 McDougall 和 Fry（1974）认为，与在数量和类型上拥有许多差异一样，不同的划分方法被用于店铺形象属性的分类研究。[82][122]

然而，尽管学者们对店铺形象测量维度的观点不尽统一，但本书在进行文献梳理的过程中发现，产品形象维度、服务人员形象维度、价格形象维度、便利形象维度、氛围形象维度、促销形象维度、设施形象维度、售后形象维度、商誉形象维度九个维度是学者们在进行店铺形象测量时使用最多的维度。因此，在探索性研究中我们将使用这九个维度对药品零售业店铺形象进行测量。

### （三）作用意义

对店铺形象进行研究的重要目的就是要探寻在店铺形象的众多维度中哪些维度对消费者来说相当重要，而哪些维度又相对不重要。

Osman（1993）认为商店的形象取决于消费者对商店属性的评价。店铺形象的维度特性在考察它们的相对重要性的过程中仅仅是第一步。[64] 研究者们关于这个问题所得出的结论亦有所不同。Berry（1969）认为商品的质量和种类、销售人员的质量和商店的气氛是最重要的店铺形象的组成维度。[47] 这个研究结果与 Martineau（1958）以及 Collazzo（1963）的研究结果相符合，即认为消费者的最大化商店满意远远不止是寻求一个好的经济价值。[45][123] 然而，Oppewal 和 Timmermans（1997）的研究却发现，在区别一家商店与其竞争对手时，服务被认为是最重要的区别店铺形象的因素，而价格和促销是最不重要的因素。[83] Mitchell（2001）通过强调重要的店铺形象属性，例如商店服务能够导致顾客购物动机的心理满意而支持这一观点。[124] 相反，James 等（1976）发现商品属性被受访者认为最重要，而且对于零售业发展战略而言其是一个关键的输入信息。[54] Mazursky 和 Jacoby（1986）融合了两种方法，他们的研究表明心理和经济属性是店铺形象最重要的组成维度。[60]

Hirschman（1981）也发现商品的相关因素（包括价格）对消费者是重要的。他们认为商品的质量与价格、交易和退货政策、店员服务对于店铺形象的建立是至关重要的。[56] 同样，Jain 和 Etgar（1976）认为商品的质量和层次，商店变化和价格政策是最重要的店铺形象组成维度。[49] 销售人员没有被他们提及。Oppewal

和 Timmermans（1997）认为商店的位置和商店所销售的商品是商店区别于其他竞争对手的最重要店铺形象。[83] Amirani 和 Gates（1993）以及 Teas（1994）的研究发现对尼曼—马库斯的顾客而言，顾客群体、总体印象、商品质量、商品价格是最重要的维度；而对西尔斯的顾客而言，到商店的购物价值、总体印象、顾客群体、商品价格是最重要的维度。[51][88]

然而，Thang 和 Tan（2003）没有提及价格政策关键变量，他们认为维度包括：商品无障碍促销、声誉、店内服务和商店气氛。[50] 与先前的许多研究者一样，Marks（1976）认为专业而有礼貌的服务是商店在建立店铺形象过程中最重要的维度。[125] 然而，不同于其他研究者，他发现对于专业服装店的消费者而言，店铺形象最重要的维度是时尚性。

上述文献研究表明，对于不同环境和类型的商店，要明确地定义最重要的一个特定维度或者一组维度是不可能的。这也表明，不同变量的相对重要性取决于许多因素，包括顾客去商店的动机（Westbrook & Black，1985[89]）、消费者的需求和价值（Finn & Louviere，1996[126]；Gentry & Burns，1978[127]）。反过来，这些因素对于不同的消费者在不同类型的商店里也会有所不同。基于这些结论，本书仅仅讨论药品零售业的店铺形象的相关维度对顾客购买行为的影响。

## 二、品牌信任

几乎人类生活的每一个角落都存在着不同程度和形式的信任。信任伴随于人类社会和人类社会的一切交换行为之中，在人类社会及其一切交换活动过程中起到犹如空气和水分对于维持人体生命般重要的关键作用。信任也是一个社会团结的道德基石和各种社会关系存在的润滑剂，对人类社会的生存和发展而言起到不可或缺的作用，信任甚至被认为是人类社会中最重要的整合力量之一。[128]

### （一）信任含义

虽然，在学术界有关信任问题的研究已经拥有比较悠久的历史，但是直到 20 世纪 50 年代，信任才成为西方各社会科学领域研究的一个重要课题。特别是 20 世纪 70 年代以来，社会科学领域的学者们纷纷从各自学科视角出发研究信任问题，从而在西方社会科学领域掀起了一股研究信任问题的热潮。大约 20 世纪 90 年代以后，信任问题才逐渐成为我国学术界研究的热点问题。作为一种比较复杂的社会心理现象，信任引起了国内外社会心理学、社会学、管理学以及营销学等学科领域学者们关注，各学科领域的学者们从多个角度对信任进行了定义，从各自不同的角度给出了不同的解释。但不同学科领域的学者对信任所下的定义其侧重点有所不同，很难给出一个公认、一致的定义。关于信任的定义，学者们至今仍莫衷一是。

在社会心理学领域，学者们大多按照心理学的传统范式，以作为微观社会主体的个体心理为基础，从个体的个性特征入手，将信任理解为个体的心理事件、个体的人格特质和个体的行为等。信任在社会心理学家看来，是一个个体的概念，是一种存在于个体内部相对稳定的性格特质或者人格特点，信任的达成只是一个个体的心理活动过程。

在社会学研究领域，虽然有部分学者讨论了一些与信任有关的社会现象，如涂尔干对团结的分析、齐美尔对信赖的研究、帕森斯对承诺的探讨等（张缨，2001）。[129]但是，直到 20 世纪 70 年代，信任才成为社会学研究领域的一个特定课题。相比于心理学家的研究而言，社会学家则更强调社会制度、社会结构、社会文化规范等社会性因素对社会个体行动者信任产生的巨大影响，并超越了生物个体的利己本性，从社会关系角度出发，研究社会个体之间的人际信任、大规模社会群体之间的信任以及信任的社会功能和作用。[130]

在管理学领域，自 20 世纪 90 年代以来，信任问题逐渐成为组织管理学的一个重要议题，并主要集中于信任在组织行为学中的研究。在营销科学领域，研究信任问题起初发端于分销渠道（如生产企业与零售商之间）和买卖双方的关系之中。由于分销渠道的转换成本较高，因此，较多的研究集中于企业在设计分销渠道时如何使企业保持与分销商长期的关系领域。Kumar（1996）认为，是信任、不是权利，帮助企业或零售商赢得更多的利润，并使企业充分地认识到自己的潜力并带来长期的顾客承诺。[131]近年来，在营销研究领域，较多的关于信任的研究则主要关注如何塑造企业与顾客之间良好的关系方面。企业与顾客之间的交易关系不应该是一种不连续的交易关系，而应该寻求一种长期稳固的交易关系，也即“更持久、更长远”（Dwyer，Schurr & Oh，1987[132]）的交易关系。

在营销学研究中信任经常被定义为：交易一方依靠交易另一方的信心的意愿

（Moorman，Deshpande & Zaltman，1993[133]），信任在建立和保持买卖双方长期关系中被确认为起到了基础性的重要作用。在营销研究领域的学者主要集中于关注顾客对产品或服务的供应商和销售人员的信任问题。Doney 和 Cannon（1997）经研究发现，消费者能够信任产品或服务供应商，或者产品与服务的销售人员，或者两者都信任。[134]Sirdeshmukh 等（2002）研究发现产品或服务的一线销售人员对待顾客的态度与行为，都会在顾客对产品或服务品牌的信任建立过程中，如将对产品或服务品牌能力的评估、仁慈的评估以及解决问题的评估中考虑进去。[135]此外，进一步的研究也证实，销售人员的一些特征，如专业知识、亲和、友善、为顾客考虑等特性在顾客建立和加强与企业之间的信任关系中起到明显的促进作用。[136]

表 2 -3 是不同学科领域内的部分国内外学者对信任所下的定义。[137]

**表 2 -3　不同学科对信任的定义**

| 作者及年代 | 学科 | 定义 |
| --- | --- | --- |
| Morgan 和 Hunt（1994） | 营销学 | 信任是指合作中的合作双方一方对另一方的可靠性和诚实度有充足的信心 |
| Crosby 等（1990） | 营销学 | 信任是顾客对销售人员会按有利于顾客的长期利益的方式行事的信心 |
| Doney 和 Cannon（1997） | 营销学 | 信任是顾客对销售人员的可信性和善意的整体感知 |
| Ganesan（1994） | 营销学 | 信任是交易一方依赖于自己相信的交易伙伴的意愿 |
| Hawes 等（1989） | 营销学 | 信任是存在风险的情况下，交易一方依赖于交易另外一方的关于不确定的环境状态和结果的信心 |
| Schurr 和 Ozanne（1985） | 营销学 | 信任就是一方认为他方的言辞或承诺是可靠的，他方在交换关系中会履行其职责和义务的一种信念 |
| Swan 等（1988） | 营销学 | 信任是一方对销售人员感觉是否安全的状态，以及在假如销售人员不值得信任，一方在面临风险的情况下，仍然认为销售人员值得信赖的信念 |
| Bhattacharya 等（1998） | 管理学 | 信任是一方在面对不确定性的情境中，基于另一方行为的预期，而对结果产生的积极期望。信任存在于不确定的环境中，其反映了可预测性的方面；此外，信任又存在于互动的环境中，它具有情景性且因人而异 |
| Das 和 Teng（1998） | 管理学 | 信任是在存在风险的交易情境中，交易一方对另一方的善意和可靠性持有的积极态度的程度 |

续表

| 作者及年代 | 学科 | 定义 |
| --- | --- | --- |
| Lewicki 和 Bunker（1995） | 管理学 | 信任是在有风险的情况下，合作一方对另一方的动机持有积极预期的一种状态。这种预期可能是基于对另一方的惩罚而得到的报酬（基于计算的信任）；也可能是对另一方行为的可预见性（基于知识的信任）；或者是对另一方欲望和倾向的完全内化（基于身份的信任） |
| Mayer 等（1995） | 管理学 | 信任是指一方在有能力监控或控制另一方的情况下，而宁愿放弃这种能力致使自己暴露弱点、处于利益有可能受到对方损害的状态 |
| McAllister（1995） | 管理学 | 信任包含认知和情感两个维度。认知信任反映了技术能力和在对交易一方过去的行为、可靠性和公平预测的基础上形成的双向责任；情感信任则基于情感的接近而对交易一方福利的关怀，而在内心对交易另一方拥有的彼此关系持有相同的价值观的认同 |
| McKnight 等（1998） | 管理学 | 信任意味着交易一方相信并愿意依赖于交易另一方。高水平的信任可以分成信任倾向和信任信念两个变量。信任倾向是指交易一方在给定的情景下愿意依赖于交易另一方；信任信念是指交易一方相信交易另一方是善意的、有能力的和诚实的，并且在一定的情景下其行为是可预测的 |
| Nooteboom 等（1997） | 管理学 | 倾向性的信任可以定义为：交易一方基于自身的利益信任交易另一方并与其合作，则交易一方相信，即使交易另一方有利可图，交易另一方也不会采取机会主义的行为来损害其利益 |
| Rousseau 等（1998） | 管理学 | 信任是一种交易一方基于对交易另一方的倾向和行为的积极预期而愿意接受可能受到攻击的一种心理状态 |
| Zand（1972） | 管理学 | 信任可以定义为，在违背信任的成本大于保持信任利益的情境中，交易一方即使不能控制交易另一方的行为，也会愿意冒着交易伙伴的机会主义行为风险而暴露自己的弱点 |
| Hosmer（1995） | 社会学 | 信任是交易一方在面临预期损失可能大于预期收益而不确定时所做出的一种非理性的选择行为：信任包括本人预期、人际关系、经济交易和社会结构四个层次的内涵 |
| Govier（1997） | 社会学 | 信任更多的是基于信念和感情并包含着某些期望的态度。信任具有以下特征：①友善而无害的期望，基于对交易另一方动机和能力的信念的行为；②对交易另一方诚实性的归因或假设，认为交易另一方是好人的感觉；③依赖于交易另一方的意愿，对可能的风险和弱点的接受；④对交易另一方的行为的善意理解 |

续表

| 作者及年代 | 学科 | 定义 |
| --- | --- | --- |
| Luhmann (1988) | 社会学 | 信任是一种允许冒风险而决策的态度 |
| Cook 和 Wall (1980) | 社会心理学 | 信任就是交易一方对交易另一方的言行有信心，并把交易另一方的言行归因于良好的倾向 |
| Holmes 和 Rempel (1989) | 社会心理学 | 信任是人们心中的一种积极期望，认为现在和将来都可以依赖交易另一方来关心自己，而且交易另一方对自己的需要会负责任 |
| Rotter (1980) | 社会心理学 | 信任是一种个人或群体持有的一般化期望，相信其交易另一方的承诺，认为不论是口头的还是书面的承诺都是可以靠得住的 |
| Rempel 等 (1989) | 社会心理学 | 信任首先来源于过去的体验和互动；其次可看成是对交易另一方的情感新归因；再次包括相信交易另一方的承诺；最后信任可以定义为交易一方对交易另一方的信心、安全和彼此关系增强的感觉 |
| Deutsch (1962) | 社会心理学 | 信任是愿意将自己的命运部分地放在交易另一方手上，向其暴露自己的弱点的行为；在实验环境下，信任是在合作双方的博弈中交易一方做出合作性选择的行为 |

资料来源：唐嘉庚．互动性对 B2C 环境下信任及购买行为倾向影响［M］．北京：经济科学出版社，2007。

综上可知，当前学者们关于信任的准确定义是什么仍存在分歧，他们也不赞同其他学者提出的有关信任的定义（Husted，1998[138]）。学者们通常根据自己研究课题的需要来界定信任的含义。本书从营销学的角度研究了信任问题，因此，本书认为信任是在存在交易风险的情况下，交易一方对交易另一方持有信心的意愿。

### （二）信任测量

尽管信任的重要性毋庸置疑，但其结构却有着不同的概念和测量方法，关于信任结构的定义没有一个定论。在之前的研究当中，信任经常被给予不同的概念并且使用不同的方式测量，因此其包括诸如可信性、信心、可靠性、诚信、仁慈等不同构面（Moorman 等，1993[133]；Ganesan，1994[139]；Morgan & Hunt，1994[140]；Garbarino & Johnson，1999[141]；Sirdeshmukh 等，2002[135]；Grayson 等，2008[142]）。一个一致的概念对于分析信任的不同组成部分对服务关系的贡献是非常重要的。另外，顾客信任的所指目标是可以不同的，其可以是一个单独的个人，也可以是一个整体的公司。顾客对企业的信任研究在最近伴随着大型服务连锁业的出现得到了增长，这一点也可以从相关领域学术文章的增多反映出来（Sirdeshmukh 等，2002[135]；Schlosser 等，2006[143]；Grayson 等，2008[142]；Brodie 等，2009[144]）。表 2 -4 是近 30 年来学者们实证研究中所使用的信任的结构化概念和测量维度。

表 2 -4　信任的研究与测量

| 学者及年代 | 研究背景与样本 | 信任概念化操作 | 信任测量维度 |
|---|---|---|---|
| John 和 Reve (1982)[145] | 挪威 99 家批发商与零售商之间的信任关系 | 相信对方遵守渠道决策和协议的程度 | 诚实、全球兼容性、专业一致性、绩效评估性、交易规范性 |
| Schurr 和 Ozanne (1985)[146] | 美国 103 个供应商与采购商之间的信任程度 | 信任是指相信对方会信守承诺并实现其承诺 | 对合作方可信赖度和信守承诺程度的信心 |
| Dwyer 和 Oh (1987)[147] | 美国 157 家汽车经销商与其制造商之间的信任关系 | 对于合作伙伴渴望履行合作义务和在合作关系中不遗余力的期望 | 诚实、善意 |
| Anderson 等 (1987)[148] | 美国 71 名电子产品经销商与生产商之间的信任关系 | 合作一方自愿接受由于过于信任对方而可能导致的短期混乱的意愿 | 善意 |
| Gronhaug 和 Haugland (1988)[149] | 对 17 家美国和欧洲大马哈鱼的进口商与挪威的出口商之间的信任关系 | 相信合作对方会愿意按照自己的承诺以及大家的共同利益行事 | 诚实、善意 |
| Anderson 和 Weitz (1989)[150] | 美国 95 家电子产品经销商与生产商之间的信任关系 | 施信的一方相信其需求会在将来由受信的一方所满足 | 对受信者守信水平的信心（总体测量） |
| Crosby 等 (1990)[151] | 美国 151 名家庭生命保险购买者与保险销售者之间的信任关系 | 相信销售者会关心客户的长期利益 | 诚信、善意 |
| Scheer 和 Stern (1992)[152] | 美国 233 名充当医疗器械经销企业市场经理的 MBA 学生与供应商之间的信任关系 | 信赖合作对方能够可靠地履行其未来义务并会为企业的需求和长远利益考虑 | 诚实 |

续表

| 学者及年代 | 研究背景与样本 | 信任概念化操作 | 信任测量维度 |
| --- | --- | --- | --- |
| Moorman 等(1992)[153] | 信任对779名市场信息的使用者和提供者之间的影响作用 | 施信方对受信方有信心并自愿依靠的意愿 | 对受信方可信性及意图的总体信任 |
| Morgan 和 Hunt(1994)[140] | 美国204名汽车轮胎的零售商与他们的供应商之间的信任关系 | 交易一方对其合作方的可信赖性和正直性的信心 | 诚信 |
| Ganesan(1994)[139] | 美国百货商店零售连锁业中120个零售商与52个零售供货商之间的信任关系 | 交易一方对交易的另一方在可信性和善意方面的信心 | 可信性、善意 |
| Geyskens 和 Steenkamp (1995)[154] | 美国417家小型汽车经销商和荷兰289家小型汽车经销商与他们的制造商之间的信任关系 | 交易一方对交易另一方表现出的诚实和善意的信心 | 诚实、善意 |
| Andaleeb(1995)[155] | 由120个美国商学院学生扮演美国餐后甜酒业的供应商与72个扮演美国餐后甜酒业经销商之间的信任关系的实验性研究 | 当交易一方的行为表现得可以使交易另一方信赖时，一方依靠交易另一方的行为的意愿 | 诚实、善意 |
| Aulakh 等(1996)[156] | 分布在亚洲、欧洲、中或南美洲的181家各类企业经销商与制造商之间的信任关系 | 交易一方对作为合作伙伴的另一方的可信赖度和正直性的信心 | 可信赖度、正直性 |
| Chow 和 Holden(1997)[157] | 155位电路板行业的销售商与采购商之间的信任与忠诚关系 | 对某人或某事的可靠性和诚实性的期望水平或确定性程度 | 可靠性、诚实 |
| Doney 和 Cannon(1997)[134] | 美国国家采购委员会的210位采购商与销售商之间的关系 | 对某一信任对象可信性和善意的感知 | 可信性、善意 |
| Sako 和 Helper(1998)[158] | 美国675家、日本472家汽车产业中原材料供应企业与制造企业之间的信任关系 | 一方对其合作伙伴将来可能会采用相互可以接受的行为方式行事的期望 | 能力信任、声誉信任、契约信任 |

续表

| 学者及年代 | 研究背景与样本 | 信任概念化操作 | 信任测量维度 |
|---|---|---|---|
| Zaheer 等 (1998)[159] | 美国电子设备制造业 153 家制造企业与供应企业之间的信任关系 | 当机会主义可能出现时，对交易伙伴的一方仍会履行职责，并以预测的方式公正行事的期望 | 可信赖性、可预测性、公平性 |
| Garbarino 和 Johnson (1999)[141] | 对美国纽约百老汇的 401 名剧院顾客满意、信任与承诺关系 | 施信的一方对受信的一方存有信心并自愿依靠的意愿 | 对质量和可靠性的总体信任 |
| Yong－Ybarra 和 Wiersema（1999）[160] | 91 家美国信息技术行业中处于战略联盟阶段的企业间信任关系 | 信任建立在以下三部分基层之上：可靠性（对合作方将会为联盟的利益最大化服务的预期）；可预测性（行为的一致性）；信念（即对方不会产生机会主义的行为） | 可靠性、可预测性、信念 |
| Plank 等 (1999)[161] | 美国、波多黎各 568 家企业与企业之间商务模式中的信任问题 | 信任是买家通过对销售人员、销售产品以及购买者通过自身方式理解到的销售企业将会履行其职责的信心 | 对销售人员的信任、对产品的信任、对企业的信任 |
| Dyer 和 Chu (2000)[162] | 分布在美国、日本、韩国汽车产业中的453 家制造企业与供应商之间的信任关系 | 信任是交易一方在交易的过程中不会利用另一方的脆弱性 | 可靠性、公平性、声誉 |
| Gassenheimer 和 Manolis（2001）[163] | 分布于各行业的美国国家采购委员会的 138 家会员，研究信任在对其购买行为的影响作用 | 信任是一种评估机制，其作用于一个中介影响因素可以成为消费者未来购买行为的预期 | 计算信任、组织信任 |
| Sirdeshmukh 等 (2002)[135] | 264 名服装零售顾客、113 名非商务航空旅行顾客研究信任对其忠诚行为的影响 | 顾客对服务的提供者被认为是可靠的而且它能够履行其承诺的期望 | 对员工的信心、实际体验 |
| Mollering (2002)[164] | 英国印刷业 184 家采购商和供应商之间的信任关系 | 未对信任做明确的定义 | 认知信任、情感信任 |

续表

| 学者及年代 | 研究背景与样本 | 信任概念化操作 | 信任测量维度 |
| --- | --- | --- | --- |
| Norman（2002）[165] | 分布在美国电信、微电子技术和计算机行业的61家联盟企业间的信任问题 | 信任是无论一方对其另一方是否有监督或控制力，一方都会做出对另一方有重要作用的独特行为，并自愿承受对方背叛可能带来的风险的意愿 | 能力信任、善意信任 |
| Coote等（2003）[166] | 基于非西方社会文化背景下的150名工业产品消费者对产品信任与承诺关系的研究 | 信任是交易一方对其合作伙伴的可靠性、正直性所拥有的信心程度 | 可靠性、正直性 |
| Kumra和Mittal（2004）[167] | 印度私有网上银行192名银行顾客对网上银行的信任决定因素实证研究 | 信任是顾客对银行能够照顾好他们财产的自信感和安全感 | 诚实、可靠 |
| Grayson等（2008）[142] | 英国的586名金融客户和中国台湾的750名金融客户对金融企业的信任影响因素研究 | 信任是一方相信交易另一方是善意和诚实的 | 善意、诚实 |
| Brodie等（2009）[144] | 新西兰552名航空服务业顾客的感知价值对其对航空公司和服务人员信任的影响研究 | 信任是基于顾客在过去与航空公司和员工的交往中，对航空公司和员工所提供服务的体验程度 | 对公司的信任和对员工的信任 |
| Kantsperger和Kunz（2010）[168] | 德国232名拥有活期存货账户的银行客户对银行的信任与忠诚关系 | 交易一方依靠交易另一方的信心的意愿 | 可靠性、意图性 |

资料来源：根据相关资料整理。

综上可知，学者们对信任的测量维度并没有达成一致，有些学者认为信任是一个单一维度的概念，而更多的学者认为信任是一个多维的概念，本书也认为信任应该是一个包含多个维度的概念。

### （三）维度选择

企业营销的最终目的是为了在顾客与企业品牌之间创建一种紧密的联系，而信任则是此种联系的主要成分（Hiscock，2001[169]）。近年来，由于品牌信任在提高顾客关系（Selnes，1998[170]）、建立顾客忠诚（Singh & Sirdeshmukh，2000[171]）、顾客承诺（Morgan & Hunt，1994[140]）和品牌资产（Chaudhuri & Holbrook，2001[172]）中的关键作用，而越来越受到实业界和学术界关注。品牌信任在研究领域是一个比较新的概念，最近几年才引起了研究者的兴趣。然而，针对品牌信任含义与测量的研究成果却十分有限。关于品牌信任的含义问题，学术界尚未达成一致，仍然缺乏一个准确而清晰的定义。而且，学者们关于品牌信任的测量维度也并不统一。

在有限的已经发表的研究成果中，Moorman 等（1992）以及 Morgan 和 Hunt（1994）认为品牌信任是普通消费者的一种意愿，他们相信品牌能够履行其在品牌形象和价值中所声称的功能。[153][140] Hess（1995）认为品牌信任包含了真诚维度、利他维度和可靠维度三维结构。[173] Fournier（1998）在研究品牌与消费者的品牌关系框架时把品牌信任概括为消费者依靠品牌的信心程度一个维度。[174] Erden 和 Swait（1998）提出品牌信任有以下两个维度：一是值得信任度即品牌愿意兑现承诺；二是专门技术即品牌能够兑现承诺。[175]

Lau 和 Lee（1999）关注品牌信任的一般性概念，认为品牌信任是依靠品牌的意愿，并且提供了一个关注品牌自身而不是特定维度的测量方法。[176] 在他们看来，品牌信任或多或少是消费者对品牌的整体感觉或者意向性倾向的总体测量。

Chaudhuri 和 Holbrook（2001）或许是最早建议对品牌信任进行测量的两位学者，但他们并没有就此问题进行过多的关注，而且在品牌信任测量的演化过程中也未能充分地抓住品牌信任的主要内容。[172] 在他们的研究中更关注品牌的执行能力，他们把品牌信任定义为消费者期望品牌执行其所声称功能的能力的意愿。基于这一概念，他们提出了一个一维的测量方法。

随着研究重点的改变，品牌信任的测量聚焦于品牌完成提供有用附加信息的能力上。Delgado - Ballester 等（2003）指出，假如消费者认为品牌对于他们的福祉和利益有好的意图是基本的，那么这个品牌就认为是可信的。[177] 一维的概念完全忽略了“此概念的动机的方面，这或许限制了此概念的丰富性”。因此，她们定义品牌信任为：在消费者处于必须要冒风险的情况下，对品牌可靠性和品牌意图的自信的期望，并在她们的测量中将品牌信任合并成品牌的可靠性和品牌意图性两个维度。这一概念代表了对压缩了结构空间和减少了概念的丰富性的单一维度的品牌信任概念的提高，抓住了品牌附加的方面，扩大了品牌信任的范围。而且，一个多维的品牌信任概念与在心理学和营销学中对信任的研究文献相一致。

此外，Patricia（2003）从消费者的角度，认为品牌信任是一种心理变量，它包含了以下三个假设：一是能力假设即品牌可靠度；二是诚信假设即品牌诚信度；三是善行假设即品牌善行度。[178] Reast（2005）认为品牌信任是对受信方可靠性和能力的信任。[179] Li 等（2008）认为，品牌信任由品牌能力和仁慈两个维度构成。[20] Luk 和 Yip（2008）认为品牌信任是消费者期望品牌实施其功能的意愿，是消费者对品牌的正向期望，并据此来判断是否进行交易，[180] 并沿用 Delgado－Ballester 等（2003）的量表对金融服务业的品牌满意、信任和忠诚关系进行实证研究。[177]

在国内研究方面，于春玲（2004）通过对品牌信任测量维度进行探索性研究提出品牌信任可以由品牌形象、质量水平、品牌认同度和企业价值观构成。[181] 金玉芳（2005）认为品牌信任是消费者对某一品牌持有的有信心的态度。[130] 这里的态度更具体地说，是态度中的认知，包括对品牌的能力表现和诚实善良的信任和在此基础上形成的总体信任，并开发了由能力表现和诚实善良的信念，和由此形成的总体信任构成的品牌信任测量量表。袁登华（2007）认为品牌信任是存在风险的情况下，消费者基于对品牌品质、行为意向及其履行承诺的能力的正面预期而产生的对品牌认可的意愿，[182] 并认为品牌信任由品牌品质信任、品牌善意信任和品牌能力信任三个维度组成。近来，在实证研究方面，谢毅和彭泗清（2009）则提出品牌信任由能力、正直和一致性三个维度组成，并探讨了品牌信任各维度对消费者品牌关系的影响。[183] 表 2－5 是近十几年来学者们对品牌信任的定义和在实证研究中所使用的测量维度。

**表 2－5 品牌信任定义与测量维度**

| 作者及年代 | 定义 | 测量维度 | 维数 |
| --- | --- | --- | --- |
| Moorman 等（1992）[153] 及 Morgan 和 Hunt（1994）[140] | 普通消费者相信品牌履行其所声称功能的能力的意愿 | 对品牌的总体信任 | 一维 |

续表

| 作者及年代 | 定义 | 测量维度 | 维数 |
|---|---|---|---|
| Hess（1995）[173] | 包含真诚维度、利他维度和可靠维度三维结构 | 真诚维度、利他维度和可靠维度 | 三维 |
| Fournier（1998）[174] | 在研究品牌与消费者的品牌关系框架时把品牌信任概括为消费者依靠品牌的信心的程度这一个维度 | 对品牌的总体信任 | 一维 |
| Erden 和 Swait（1998）[175] | 品牌信任有以下两个维度：一是值得信任度即品牌愿意兑现承诺；二是专门技术即品牌能够兑现承诺 | 可靠和能力两维度 | 二维 |
| Lau 和 Lee（1999）[176] | 品牌信任是："依靠品牌的意愿"，并且提供了一个关注与品牌自身而不是特定维度的测量方法 | 对品牌的整体感觉或者意向性倾向的总的测量 | 一维 |
| Chaudhuri 和 Holbrook（2001）[172] | 消费者期望品牌执行其所声称功能的能力的意愿。基于这一概念，他们提出了一个一维的测量方法 | 对品牌的总体信任 | 一维 |
| Delgado – Ballester 等（2003）[177] | 在消费者处于必须要冒风险的情况下，对品牌可靠性和品牌意图的自信的期望 | 品牌可靠性和品牌意图性两个维度 | 二维 |
| Patricia（2003）[178] | 品牌信任是一种心理变量，它包含了以下三个假设：一是能力假设即品牌可靠度；二是诚信假设即品牌诚信度；三是善行假设即品牌善行度 | 可靠度、诚信度、善行度 | 三维 |
| Reast（2005）[179] | 对受信方可靠性和能力的信任 | 可信性和能力表现两个维度组成 | 二维 |
| Li 等（2008）[20] | 消费者对品牌某一特定层面，如品牌能力和仁慈的信赖，并且这种对特殊层面的信赖有利于其总体的品牌信任 | 品牌能力和仁慈两个维度构成 | 二维 |

续表

| 作者及年代 | 定义 | 测量维度 | 维数 |
| --- | --- | --- | --- |
| Luk 和 Yip（2008）[180] | 消费者期望品牌实施其功能的意愿，是对品牌的正向期望，并据此来判断是否进行交易 | 品牌的可靠性和品牌意图性 | 二维 |
| 金玉芳（2005）[130] | 消费者对某一品牌持有的有信心的态度。这里的态度更具体地说，是态度中的认知，包括对品牌的能力表现和诚实善良的信任和在此基础上形成的总体信任 | 能力表现和诚实善良的信念，和由此形成的总体信任构成 | 二维 |
| 袁登华（2007）[182] | 品牌信任是存在风险的情况下，消费者基于对品牌品质、行为意向及其履行承诺的能力的正面预期而产生的对品牌认可的意愿 | 品牌信任由品牌品质信任、品牌善意信任和品牌能力信任三个维度组成 | 三维 |
| 谢毅和彭泗清（2009）[183] | 消费者信赖某一品牌实现其承诺的能力和意愿 | 品牌信任由能力、正直和一致性三个维度组成 | 三维 |

资料来源：根据相关资料整理。

在上述有关品牌信任的定义和测量结构的研究中，Delgado - Ballester 等（2003）试图提供一个综合的、足以反映消费者品牌信任各方面关系的测量方法。[177]其研究成果使用了一个包含两个维度的品牌信任测量模型。第一个维度被称为可靠性维度，它涉及品牌基于能力的本质，意味着品牌在履行承诺、满足消费者需求方面的综合能力，如胜任力、可信性和行为的可预测性之间利益的能力和意愿。第二个维度叫作意图性维度，它是指当意外的情况出现时，品牌首先会关心消费者的利益和福祉。这一维度包括消费者对品牌在可信性、善行和关心消费者需求等方面的利益。显然，这两个测量维度既反映了消费者对品牌信任的情感方面，又反映了消费者对品牌信任的认知方面。

综上所述，我们认为品牌信任是消费者面临不确定的情况下，对品牌技术能力和善行意图的信心。此外，学者们普遍认为品牌信任是一个多维度的概念，本书赞同这一观点并借鉴 Delgado - Ballester 等（2003）的方法，将品牌信任划分为品牌可靠性和品牌意图两个维度。[177]

## 三、创新方向

关系营销的本质是通过建立和发展企业与顾客之间的持久关系来提升企业的竞争优势。顾客与企业之间的关系有基于产品、基于服务人员、基于企业和基于品牌的关系四种不同的表现形式。尽管学术界和实业界都已认识到稳固的品牌对企业实行差异化战略是最有效的手段，培养顾客与品牌之间的紧密关系从而导致并促使顾客品牌忠诚对于处在竞争日益激烈的市场环境下的企业取得长期的优势至关重要。然而，仅有少量的研究注意到维持顾客与品牌之间关系的重要性。因此，为了弥补和丰富现有的研究文献，本书将从以下三个方面进行创新拓展。

### （一）形象测量

经过几十年的研究，学者们在零售营销领域对店铺形象的测量研究取得了非常多的研究成果。在研究中学者们对店铺形象的测量有些使用单一维度，有些则使用多个维度。而在使用多个维度的学者中有些使用几个维度，而有些则使用十几个维度甚至几十个维度。学者们在店铺形象测量维度认识的差异，为我们的店铺形象研究工作带来了一定的困难。因此，针对本书而言，一个重要的研究拓展方向就是要探索在药品零售服务营销领域顾客店铺形象如何测量，其由哪些维度构成，在参照先前文献中研究者在各个领域的有关店铺形象维度的研究之后，本书认为顾客对于药品零售服务企业的店铺形象由不同维度构成的可能性很大，并在对相关研究文献进行梳理的基础上，本书发现，尽管学者们对店铺形象测量维度的观点不尽统一，但店铺形象的一些重要维度，如产品形象、服务人员形象、价格形象、便利形象、氛围形象、促销形象、设施形象、售后形象、商誉形象九个维度是学者们在进行店铺形象测量时使用最多的维度。因此，在探索性研究中，本书将使用产品形象、服务人员形象、价格形象、便利形象、氛围形象、促销形象、设施形象、售后形象、商誉形象九个维度对药品零售业店铺形象进行测量，并在随后的研究中确认药品零售业店铺形象由哪些维度构成及如何对其进行测量。

### （二）信任忠诚

品牌信任是品牌资产的一个基础因素。近年来，较多的研究表明在零售业中信任对建立企业与顾客之间关系的重要作用。然而，在零售行业中零售品牌与顾客之间以及与品牌购买行为之间信任是否也具有重要而关键的作用，并没有引起研究者的足够重视，而且，目前顾客品牌信任对消费者影响的研究仍显不足。

同时，由于本书的实证行业对象是竞争非常激烈的药品零售服务行业，结合行业特征，顾客在药店购买药品时，与药店品牌之间存在一种叫作“信托”的关系。[184]即在药店与消费者的关系之中，消费者处于脆弱和依赖的特殊地位，尤其是病患者，两者是一种比较亲密或亲近的关系，消费者的求药行为不言而喻地隐含着对药店品牌以及药店销售与服务人员的信任。因此，将两者关系视为一种“信托关系”，即信任和托付。

此外，学术界对顾客品牌信任的测量维度也存在差异，有些研究者使用一维对品牌信任进行测量，有些研究者则使用二维对品牌信任进行测量，而又有些研究者使用三维对品牌信任进行测量。学者们在品牌测量维度上的分歧，必将影响到我们对顾客品牌信任与消费者行为关系之间联系的进一步了解。

因此，本书的另一个重要研究目的就是要通过对顾客品牌信任的多维度测量，来分析不同维度的品牌信任对消费者品牌忠诚的影响效应。本书赞同学者们关于品牌信任是一个多维度概念的观点；同时由于研究时间、精力以及财力等的限制，本书对品牌信任的研究主要集中在品牌可靠性、品牌意图两个维度。

### （三）忠诚驱动

众所周知，品牌忠诚形成的驱动因素有很多。感知价值、顾客满意、专有投资与转换成本、关系利益与相对绩效、替代选择、营销沟通、声誉、关系长度等因素对于品牌忠诚都有显著的影响，这些因素转换到零售营销领域，本书也有理由相信会对顾客的品牌忠诚产生显著影响。但是由于本书研究的时间、精力和财力等的约束，不可能对所有因素加以研究。

在品牌忠诚的驱动因素中，早期学者们的研究主要集中于顾客满意，后来又发现感知价值也是驱动顾客品牌忠诚的又一重要因素。由于信任在众多研究中发现对忠诚的影响非常关键，是营销关系保持和发展中的核心概念。有些学者研究发现，顾客对品牌的信任在驱动顾客品牌忠诚的过程中起到了重要的中介作用。

因此本书也将品牌信任纳入品牌忠诚驱动因素的分析框架。

与此同时，本书的另一个研究重点是顾客店铺形象，而店铺形象对于感知价值、顾客满意、品牌信任与品牌忠诚都有着密切的联系，店铺形象反映了顾客所在群体对特定店铺的评价，顾客有可能受到其影响而改变对特定零售品牌的信任及忠诚水平，这还需要进一步的实证分析来加以证实。因此，本书也将店铺形象纳入本书的分析框架。这样，本书的品牌忠诚就集中在四个驱动因素之上：店铺形象、感知价值、顾客满意和品牌信任。我们将通过实证研究来分析这四个因素对于顾客品牌忠诚的影响作用以及影响路径。

在接下来的研究中将通过建立结构方程模型的方式来验证有关假设，并且分析各个店铺形象维度对感知价值、顾客满意、品牌信任及忠诚的不同影响机制。通过模型的拟合比较，探索顾客店铺形象在建立和维持顾客品牌忠诚中产生的作用机制。

# 第三章　研究设计

这一部分将在现有理论和文献的研究基础之上，结合药品零售业的特点，提出本书的初始概念模型和研究假设，并据此对变量进行了定义和测量。另外，在这部分也提出了本书的研究方法，设计了调研方案和实证程序。

## 一、理论基础

现有的成熟理论是本书的理论基础，本书涉及的基础理论如下：

### （一）行为学习

美国心理学家华生在 20 世纪初创立了行为主义学习理论。行为主义学习理论认为有机体的所有行为都是个体后天学习的结果。该理论把有机体应对外界环境变化的所有活动统称为行为，并把有机体行为的产生归结为肌肉收缩和腺体分泌的反应结果，而将引发有机体活动的内外部变化统称为刺激。行为主义学习理论的基本假设是“行为是学习者对环境刺激所做出的反应”。该理论将外部环境看成刺激，有机体对外部环境刺激的应答行为看作反应，认为有机体的所有行为都是后天习得的。外部环境决定了有机体的行为模式，无论是正常的行为还是病态的行为都是通过学习而获得的，也可以通过学习而更改、增加或消除。只要查明了环境刺激与行为反应之间的规律性联结关系，就能根据刺激预测反应，或根据反应反推刺激，从而达到预测并控制有机体行为的目的。

行为主义学习理论提出学习是外部刺激与有机体反应之间的联结。赞同这一观点的心理学家开始将研究重点从最初的注重有机体的内部思维过程的研究逐渐转移到了注重有机体的外显行为的研究上来。他们将有机体的大脑看成一个“黑箱”，并强调有机体可观察的外显行为。经典性条件反射理论和操作性条件反射理论这两种研究学习理论的主要方法很好地代表了这一观点。这种观点表明，正是人们在生活中接收到的反馈构成了他们的经验。类似地，消费者对产品或服务品牌名称、设计、广告语以及其他营销刺激的反应是随着时间和消费实践的进行而形成的习得联结。消费者也可以从获得的奖励和受到的惩罚中学会某种反馈行为，而且这种习得反馈会影响消费者在未来类似环境中的反应方式。那些因为购买某种产品或服务品牌而受到称赞的消费者，更可能再次购买同样品牌的产品或服务，而那些曾经在某个产品或服务品牌中受到伤害的消费者，则不大可能再次购买同样品牌的产品或服务。

学习可以被认为是基于过去经验而导致的行为变化。消费者可以从以往的消费经验中得到学习，并且这种学习会影响他们未来的消费行为。由于消费者从产品或服务品牌的购买和消费中获得了经验，他们不仅熟悉他们喜欢或者不喜欢的产品或服务品牌，而且还掌握了他们最喜欢的产品或服务品牌的特性。顾客在经常光顾某一零售服务品牌之后，或许会逐渐体验到该零售服务品牌服务良好、环境舒适、价格合理，并对该零售服务品牌满意，使得其在今后需要购买商品时都会想到该零售服务品牌。从而持续强化了顾客过去的消费经验，提高了顾客今后到该零售品牌购物的可能性。

### （二）认知学习

行为学派倾向于回答这样的问题：主体学会了做什么？认知学派则倾向于回答：主体是如何学习和感知处境的？认知学派的兴趣在于检测学习的状况，他们研究主体心理领域的整个范围，经常使用动机、人格、经验、感知目标、处境的整体特性、信念、价值和主体个性等术语。与行为学派不同，认知学派认为消费者不会简单地对刺激做出反射，消费者的心理活动过程是一种个体在内部标准、期望、信念、态度等的指导下朝向自身目标努力的过程。

认知学习理论认为，认知过程支配着个体的行为过程，个体的认知是主要的心理活动。个体的学习是一个解决问题的过程，而不仅是个体在刺激和反应之间建立被动的中介联系过程。认知性学习对消费者来讲，是一个接受感知刺激，把刺激与需求相联系，来评估可选品牌以及评价产品或服务是否满足预期需要的过程。由于强调对问题的解决，因此消费者的认知学习过程与消费者的复杂购买决策过程基本相同。也就是说，认知学习理论强调消费者在学习过程中涉及思维过程，而经典性和工具性条件反射理论则更多地强调消费者在刺激联结基础上的后果。

认知学习理论通过研究个体的认知过程来探索个体学习的规律，其把个体看作问题的解决者，认为个体会积极地运用周围的信息来掌控他们的环境。认知学习理论更加强调个体内部心理活动过程以及个体在学习过程中个体的创造力、领悟力对个体学习的重要性。在西方社会心理学发展过程中，与那些常常使用残缺不全、缺乏理性的眼光去看待人类心理或行为的理论，如精神分析理论和行为学习理论相比，认知学习理论则更强调人的主观能动性，充分肯定了人具有认知外部世界并根据认知成果进行决策判断的能力。认知学习理论也更加强调和表现了人类具有的理性的一面，认为个体能够利用过去的经验以及现有的认知结构去主动地反映外部世界，从而调整自己的社会行为并与社会达到和谐一致。[185]这些主张对于揭示和了解社会个体的心理学习过程具有很强的解释功能。

### （三）手段—目的

手段—目的链理论（means - end chain）或叫方法—目的链理论，是营销学者 Young、Feigin 和 Howard 等用于分析和探讨消费者购买产品或服务时的动机与行为的一种方法。手段—目的链理论认为消费者的个体价值会影响其购买的产品或服务。消费者在购买产品或服务时，其出发点是实现一定的价值，为了实现这一价值需要取得一定的利益，而为了实现这一利益又需要购买一定的产品或服务的属性。手段—目的链理论由属性、利益、价值三个部分所组成。属性是所有产品或服务的可以看见或可以感受的部分，如有形产品的颜色、形状、包装，服务产品的品牌标志、消费体验等。当消费者在联想到相关的产品或服务时，会将它们转化为属性群，而这一属性群又可以分为三个层次。第一个层次是抽象的、多构面的、难以衡量而且较为主观的属性；第二个层次是较不抽象的，但仍是多构面的、较易衡量的并且较为客观的属性；第三个层次是具体的、单一构面的、可以直接衡量的并且相对客观的属性。

利益是指消费者使用产品或服务之后的结果。假如消费者在购买和使用产品或服务之后所获得的结果是正面的，则称之为购买利益，而如果消费者在购买和使用产品或服务之后所获得的结果是负面的，则称之为购买风险。当消费者在购买产品或服务时，他们首先联想到的是产品或服务正面的结果，而不是产品或服务的物理属性。也就是说消费者在购买产品或服务时，他们是在购买产品或服务的利益群（而非为物理属性）。利益又可以分为功能性利益、心理性利益和社会性利益三种。功能性利益是消费者在使用产品或服务之后所产生的功能性结果。心理性利益是不可预见和较为间接的结果，是消费者在使用产品或服务之后产品或服务给消费者带来的心理感觉。社会性利益是消费者在购买或使用某一产品或服务时，社会其他人员对其的一系列反应与认同的结果。

价值按照其抽象程度可以划分为工具价值和终极价值两种。工具价值是指消费者所偏好的行为模式或者行为状态。终极价值比工具价值更为抽象，是指消费者所偏好的最终状态，其代表消费者进行消费的最终目标和目的。终极价值是消费者在消费生活中想要达成的理想的、最终的状态。[186]

产品或服务本身所具备的属性是手段，而利益与价值是目的，即由产品或服务的属性可以达成消费者更为抽象的或更高层次的目的。手段—目的链理论是一种源自于对消费者认知结构的研究方法，它摆脱了企业长期以来对产品或服务的过于关注，而忽略消费者真正的内心需求的做法。从消费者行为学的角度来探究消费者的心智模式，它使企业真正地关注顾客，关心顾客的利益，这在一定程度上避免了企业营销活动的近视行为。手段—目的链理论回答了什么因素会影响顾客购买决策以及企业应该关注哪些影响顾客购买决策的因素等问题，而这正是企业营销战略所必须关注的核心问题所在。

### （四）符号消费

符号消费理论由法国社会学家 Baudrillard 于 1968 年在其著作《物体系》一书中提出，Baudrillard 认为随着社会商品的增多，人类已经不再处于商品匮乏的工业社会时代，而是已经进入了消费社会时代。人们在物质极其丰富的消费社会时代，人们消费商品不再仅仅是对商品物理意义上的使用价值的拥有，而是要对商品示差符号价值的拥有。因此，在后工业化的消费时代，商品要成为被消费的对象就必须首先成为符号。

随着社会经济的不断繁荣与发展，消费者在消费产品或服务时已经开始加入了文化的、感性的因素，产品或服务必须要越来越具有“文化”的内涵。产品或服务已经不是一件纯粹的“物品”，不再仅仅对应于一般意义上的使用价值。在符号消费社会中，消费者不仅追求产品或服务表面的“物的价值”，而更倾向于产品或服务的“符号的价值”，即产品或服务所能够反映的消费者的社会地位、个性特征、经济状况、个人声望等带有一定社会象征性意义的符号属性，其反映的是消费者更高层次的社会性或精神性需要，在这种心理需求的作用下，符号化的消费过程深深地影响着消费者的思维与行为。

消费者在购买衣服、食物、家具或是高科技产品或服务时，消费者并非为了表达“他们是谁”的既存意义，而是想要通过他们所消费的产品或服务，来表现“他们是谁”的意义。例如，服装作为一种商品，其实质上的使用价值是一种可以起到御寒、遮蔽等作用的衣服。然而从其表现出的品牌形象角度来看，就会凸显出不同的含义。如果服装上冠以代表不同内涵和品位的名牌，其含义就大不相同了。因此，不同品牌的服装虽然在外在表现的使用价值上，并没有太大的差别，但是他们背后所负载的品牌象征性价值却有天壤之别。[187]

在后工业化时代的消费就是符号，人们借助符号消费来表达思想、情感乃至信仰。[188]符号消费的最大特征就是表征性和象征性，即消费者通过对产品或服务的消费来表现自身的个性、品位、生活风格、社会地位和社会认同。消费者在符号消费的过程中，除了消费产品或服务本身之外，还消费这些产品或服务所象征和代表的意义、心情、美感、档次、情调和气氛，即对这些符号所代表的意义与内涵的消费。因此，如果说消费符号指的是消费者通过消费来表达和传递某种意义或信息的话，那么符号消费就是将消费品作为符号所表达的内涵和意义的本身而成为消费者的消费对象。

## 二、概念模型

回顾前人的研究模型，将有助于本书模型的构思。我们将在较为系统地再现已有的经典研究模型的基础之上，提出本书的概念模型。

### （一）相关研究

学术界关于顾客品牌信任与忠诚的研究起源于“顾客满意悖论”的出现，学者们试图通过研究寻找顾客品牌忠诚的各种驱动因素，下面是与本书有关的学者们的相关研究模型。

1. 欧洲顾客满意指数

由欧洲委员会、欧洲质量组织委员会和欧洲质量管理基金会共同资助完成的欧洲顾客满意指数（European Customer Satisfaction Index，ECSI），是在借鉴美国顾客满意指数（ACSI）模型的基础上完成的。与 ACSI 相比，该模型（见图 3－1 所示）增加了企业形象这个结构变量，而去掉了用户抱怨这一结构变量，并将感知质量分成代表感知硬件质量的感知质量 1 和代表感知软件质量的感知质量 2 两个部分。其中，对于有形产品来说，感知硬件质量为产品本身质量，感知软件质量为服务质量；对于服务产品来说，感知硬件质量为服务属性质量，感知软件质量为在服务过程中与顾客交互作用的一些因素，如服务人员的行为、语言、态度、服务场所环境等因素。[189]

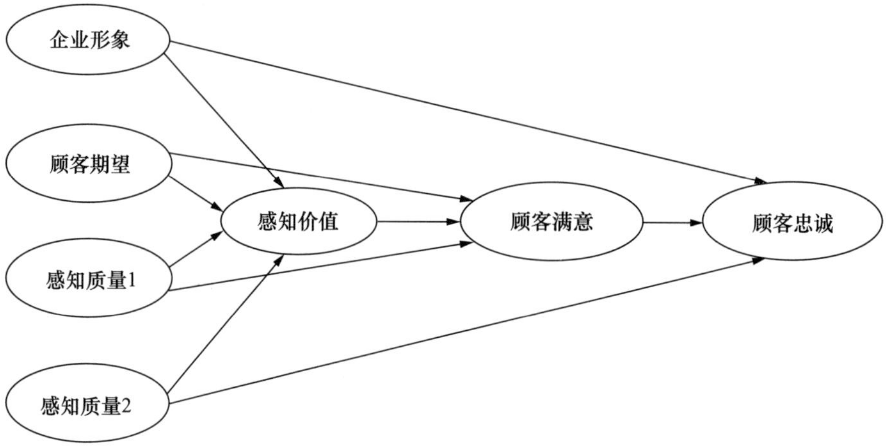


**图 3－1　欧洲顾客满意指数模型**

2. 中国顾客满意指数

清华大学学者赵平等在吸收了瑞典、美国和欧洲等顾客满意指数模型的基本原理，并结合中国消费者行为的实际特点的基础上，经过八年研究提出了中国顾客满意指数（CCSI），其基本模型如图 3－2 所示。与 ACSI 相比，该模型去除顾客抱怨结构变量，但增加了品牌形象结构变量。它由 6 个结构变量、11 个因果关系构成。在 6 个结构变量中，品牌形象、预期质量、感知质量和感知价值是顾客满意度的原因变量；顾客忠诚是顾客满意度的结果变量。[190]

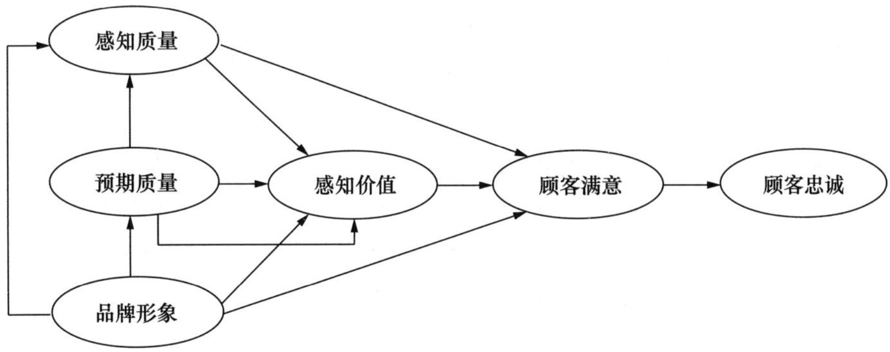


图 3－2　中国顾客满意指数模型

3. 大型超市顾客满意指数模型

刘新燕等在继承 SCSB、ACSI 及 ECSI 模型的核心概念的基础上，对这些模型做了如下改进：第一，去掉了现有模型中的感知价值，增加了一个潜在变量——感知价格；第二，在保留对整体感知质量测度的同时，增加了一些模糊的质量因子作为感知质量的前置因素；第三，在保留顾客满意到顾客忠诚这条路径的同时，增加了两个潜在变量：顾客信任和顾客承诺。之后，提出了一个针对零售行业的大型超市的顾客满意度指数模型（CSI）如图 3－3 所示，并以来自武汉市大型超市的数据对该模型进行了实证分析。[191]

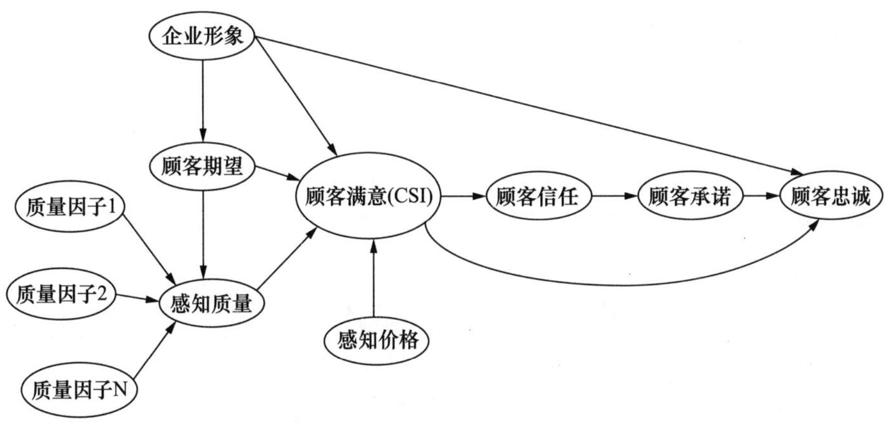


图 3－3　大型超市顾客满意指数模型

4. 企业品牌信任模型

从企业的角度来看，信任是促使企业市场营销活动成功的关键因素；对消费者而言，消费者对企业品牌的信任可以促使其产生忠诚。Christina（2007）从信任对消费者购买意愿和口碑传播的影响角度，构建了消费者对企业品牌信任的前因与后果模型（见图 3－4），并进行了实证分析。[192]研究发现，品牌信任的两个前因变量品牌能力信任和可靠信任正向影响消费者的品牌信任；消费者品牌信任又对其后果变量购买意愿和口碑传播行为有正向的影响。

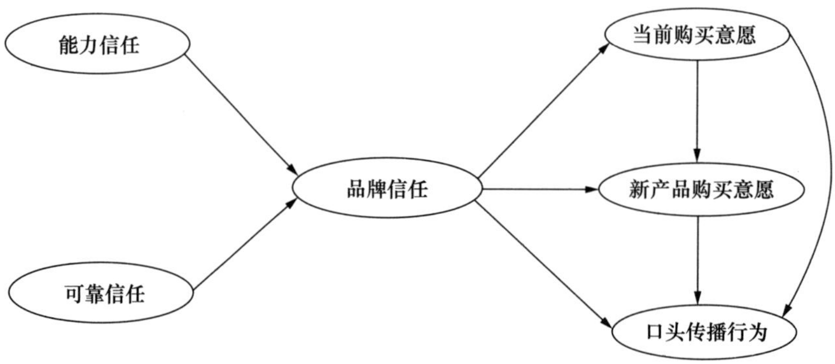


图 3－4　企业品牌信任模型

5. 品牌信任测量模型

Delgado－Ballester 等（2003）为了丰富在顾客与品牌关系领域的有限及新近的研究，将研究重点放在品牌信任的测量上，构建了以下的品牌信任测量模型（见图 3－5），开发了品牌信任测量的二维度量表，并通过实证研究证明该品牌信任维度是可靠和有效的。这是迄今为止，被学术界普遍认可且使用最多的品牌信任测量模型。[177]

6. 品牌忠诚前因模型

金玉芳（2005）提出了消费者品牌忠诚前因模型（见图 3－6），探讨了品牌信任在品牌忠诚前因中的地位和作用。[130]通过在化妆品行业实证研究发现，品牌信任是品牌忠诚最主要的前因变量，其作用要大于顾客满意；品牌信任和顾客满意对品牌忠诚起直接的作用，而感知质量和经济价值通过顾客满意和品牌信任对品牌忠诚起间接的作用。

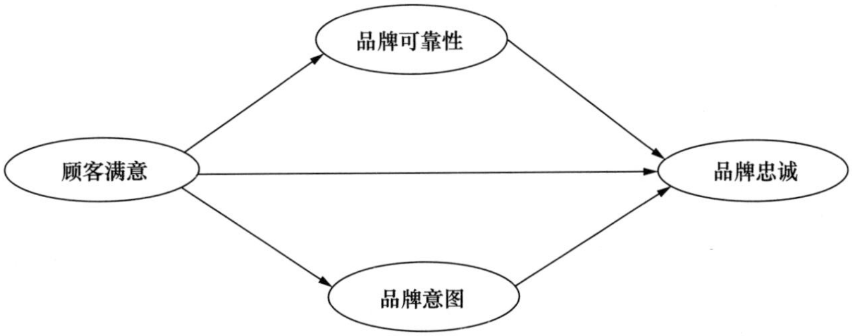


图 3－5　品牌信任测量模型

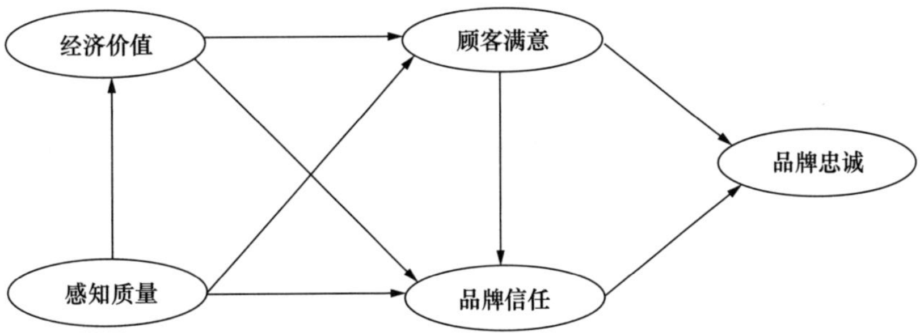


图 3－6　品牌忠诚前因模型

## （二）模型构建

本书为了寻求一个适合药品零售行业店铺形象的维度划分方法，探究药品零售业店铺形象的每个维度对顾客品牌信任及忠诚影响的作用机制，在前人研究基础上将药品零售业店铺形象进一步划分为商品形象、服务人员形象、价格形象、便利形象、氛围形象、商誉形象、促销形象、设施形象和售后形象九个维度；并将品牌信任划分为品牌可靠性和品牌意图两个维度。同时，在大型超市的顾客满意指数模型（刘新燕等，2004[191]）和 Delgado－Ballester 等（2003）[177]的品牌信任测量模型，以及金玉芳（2005）消费者品牌忠诚前因模型的基础上，构建药品零售行业店铺形象与品牌信任及忠诚影响的作用机制模型，[130]模型示意图如图 3－7 所示。

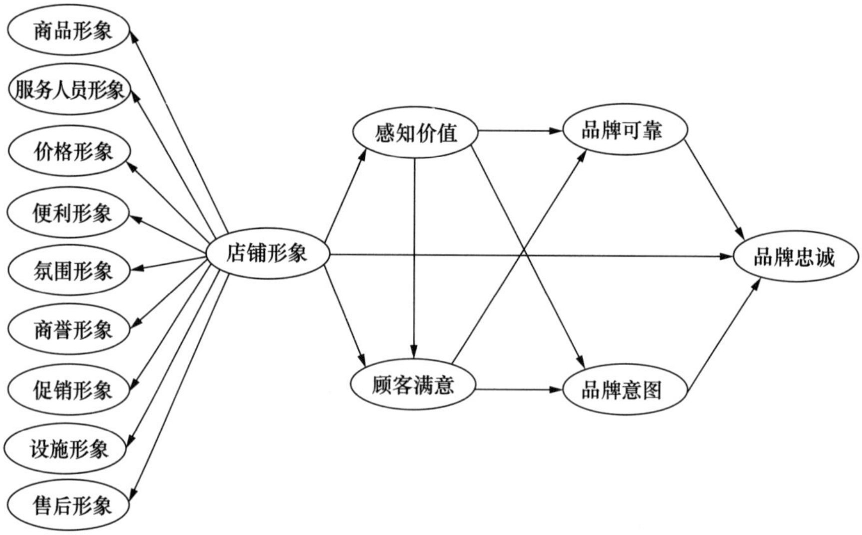


**图 3－7　概念模型**

## 三、研究假设

根据上述初始的概念模型，现就本书中涉及的各变量之间存在的影响关系进行讨论，并提出相关研究假设。

### （一）店铺形象对品牌忠诚的影响

面对如此众多为争夺顾客而展开竞争的零售商店，顾客该如何选择呢？正如产品或服务一样，零售商店也可被认为是具有“个性”的。一些零售商店由于具有非常鲜明的或好或坏的形象，而容易被顾客记住。也有一些零售商店因为在顾客心目中没有留下特别的形象，而常常被顾客遗忘。这种商店个性，就是由多种不同因素共同组成的零售店铺形象。商店的特色与消费者特性（如购物导向）相结合时，就有助于预测消费者偏爱哪一家商店。零售店铺形象的一些重要维度如定位、地理位置、商品配适性、销售人员的知识及亲和力，对参与购物的顾客而言，是其购物体验的重要组成部分。这些特色通常共同作用在顾客心中并塑造出一个商店的整体印象。当前零售店铺形象已经普遍被认为是零售组合中的一个非常重要的方面。[193]零售店铺形象是消费者通过在商店的经历所感知商店属性的总和，是顾客头脑中界定商店的方式，是消费者所感知到的商店个性。[194]在零售领域的许多研究表明店铺形象对消费者的知觉以及随后的行为意向具有重要的影响。Osman（1993）认为顾客对某一零售商店的忠诚行为取决于其感知到的店铺形象。[64] Bloemer 和 Ruyter（1998）实证研究表明店铺形象通过商店满意的中介作用影响顾客商店忠诚。[66] Prendergast 和 Man（2002）发现店铺形象的功能特性和心理特性均有助于消费者对商店的忠诚。[195] Castro 等（2007）在对游客的研究中也发现旅游目的地形象通过服务质量和旅游满意两个中介变量对游客未来的行为意向产生影响。[196]实际上，零售店铺在价格、商品、环境或者便利性等某一个或者某几个重要维度上建立起顾客所偏爱的店铺形象，就容易增加顾客的满意度，进而导致顾客的惠顾行为。于坤章和王亚飞（2006）对大型超市的研究表明，顾客最愿意推荐其亲人朋友到价格较低或经常有促销活动的超市购物；商品的质量、种类、商品的品牌及商店的购物环境等因素对顾客的购物行为有直接的影响；商店的时间与便利性会对消费者的情感忠诚产生直接影响。[197]周文辉和陈晓红（2008）通过对长沙市 6 家大型连锁超市顾客的研究发现，商店的员工服务、促销活动和交通便利对顾客忠诚具有直接的正向影响。[198]汪旭晖和徐健（2010）经实证研究证实，在外资大型综合超市中，价格促销形象和人员服务形象对顾客忠诚具有显著的正向影响。[32]基于以上分析，本书提出如下假设：

**H1：药品零售业的店铺形象对其品牌忠诚具有直接的正向影响**

H1a：药品零售业的商品形象对其品牌忠诚具有直接的正向影响

H1b：药品零售业的服务人员形象对其品牌忠诚具有直接的正向影响

H1c：药品零售业的价格形象对其品牌忠诚具有直接的正向影响

H1d：药品零售业的便利形象对其品牌忠诚具有直接的正向影响

H1e：药品零售业的氛围形象对其品牌忠诚具有直接的正向影响

H1f：药品零售业的商誉形象对其品牌忠诚具有直接的正向影响

H1g：药品零售业的促销形象对其品牌忠诚具有直接的正向影响

H1h：药品零售业的设施形象对其品牌忠诚具有直接的正向影响

H1i：药品零售业的售后形象对其品牌忠诚具有直接的正向影响

### （二）店铺形象对感知价值的影响

现代消费行为研究表明，顾客在进行购买决策时，常常围绕着他们能够获得的两个基本利益展开，一个是由产品或服务本身为顾客提供的实际功效和使用价值等核心利益；另一个是顾客在购买产品或服务中所享受的服务态度、购买和使用的便利性、品牌形象、品牌信誉等给顾客带来的附加价值利益。[199]顾客对价值的感知是顾客在购买和消费产品或服务的过程中，对其所支付的总体费用和所得到的总体收益的体验，是顾客对产品或服务属性、特征表现以及顾客使用其达到某种目的或目标的心理偏好和评价（Woodruff，1997）。[200]顾客满意通常是消费者在购买或消费产品和服务后对购买决策做出的总体评价，而感知价值则贯穿于购买或消费的全过程之中，而且顾客满意与顾客忠诚并不总是呈线性的关系，因而感知价值更能够比较全面地反映消费者的购物认知，也更能准确预测消费者的购后行为。[30]事实上，感知价值作为预测消费者未来购买行为的重要前因变量，在营销学界获得了极大的关注。零售店铺形象对顾客购物价值的感知具有重要影响。顾客对产品或服务的形象感知可以为顾客创造价值。[201]零售商店中积极友好的商店气氛可以增强顾客的购物体验，增加顾客的购物价值。当不同的消费者在不同业态的商店购物时，都会获得由一系列营销要素组合（如服务人员的素质、商品陈列、环境气氛、卫生安全等）所带来的整体零售体验，而这些要素的组合激发或抑制着顾客的购物兴趣。顾客的感知价值会由商店的产品或非产品的相关印象或经验产生（Wyner，1998）。[202] Andreassen 和 Lindestad（1998）经实证研究表明，店铺形象通过感知质量间接影响顾客的感知价值。[203] Babin 和 Attaway（2000）经研究发现，商店气氛可以增强顾客购物体验，并增加顾客购物价值。[204] Mitchell（2001）认为，顾客将依据店铺形象的风险来评估其对商店的感知价值。[124] Lai 等（2009）研究发现，顾客心目中良好的商店形象可以促使顾客感觉到需求得到了更多的满足，有助于顾客获得更多的社会价值和情感价值。[205]杨宜苗和夏春玉（2009）通过对大型超市综合购物中心的研究发现，商店的商品形象、服务形象、价格形象、便利性形象、促销形象、气氛形象、设施形象、声誉形象都与顾客的感知价值呈正向关系，商店的每一个环节都会引发顾客对此次购物的价值感知。[30]基于以上分析，本书提出如下假设：

**H2：药品零售业的店铺形象对其感知价值具有直接的正向影响**

H2a：药品零售业的商品形象对其感知价值具有直接的正向影响

H2b：药品零售业的服务人员形象对其感知价值具有直接的正向影响

H2c：药品零售业的价格形象对其感知价值具有直接的正向影响

H2d：药品零售业的便利形象对其感知价值具有直接的正向影响

H2e：药品零售业的氛围形象对其感知价值具有直接的正向影响

H2f：药品零售业的商誉形象对其感知价值具有直接的正向影响

H2g：药品零售业的促销形象对其感知价值具有直接的正向影响

H2h：药品零售业的设施形象对其感知价值具有直接的正向影响

H2i：药品零售业的售后形象对其感知价值具有直接的正向影响

### （三）店铺形象对顾客满意的影响

作为营销领域的一个重要概念，顾客满意被认为是顾客对产品或服务的可感知效果与其心目中的期望值进行比较之后，所形成的愉悦或失望的感觉状态，其是顾客在一次或多次消费产品或服务之后所形成的认知或情感反应（McDougall & Levesque，2000）。[206] Shemwell 等（1998）认为在竞争性市场环境中，服务性企业持续竞争优势的主要来源取决于企业能否为顾客提供满意的服务。[207] 服务营销研究的核心问题之一就是企业如何满足顾客的需求，而顾客满意是企业满足顾客需求的核心要素（Machleit & Mantel，2001）。[208] Andreassen 和 Lindestad（1998）经研究发现消费者对某一品牌的良好印象将通过光环效应对其产生更高水平的满意。[203] 顾客作为自身消费价值最大化的谋求者会依据其所体验到的产品或服务绩效与其预先的期望进行比较之后对产品或服务进行综合性价值判断，零售店铺形象对顾客购物满意评价有积极的影响。国内外已有文献研究指出，零售店铺只要在某些维度如价格、商品、环境等方面建立起消费者所偏爱的店铺形象，就容易增加顾客的满意感。Bloemer 和 Ruyter（1998）经研究表明零售店铺形象通过商店满意影响商店忠诚。[66] 王高等（2006）研究发现除购物便利维度对顾客满意无影响外，店铺形象其他维度如价格感知、商店声誉、店内商品、购物环境、人员服务、结账过程、售后服务、商店政策、商店设施等对顾客购物满意都有直接的正向影响。[222] 汪旭晖和陆奇斌（2007）通过对国内 20 家大型综合超市的顾客研究也发现，除设施形象对顾客满意没有直接影响外，店铺形象其他七个维度，包括价格形象、商品形象、店铺环境形象、人员服务形象、广告及促销形象、售后服务形象、便利性形象对顾客满意都有正向的直接影响。[29] 周文辉和陈晓红[198]（2008）经研究表明，店铺形象的商品陈列、员工服务、商品质量、商品价格和商品品种五个因子对顾客满意有显著的正相关影响，而店铺形象的促销活动和交通便利对顾客满意没有显著正向影响。汪旭晖和徐健（2010）经实证研究发现，在华外资百货店业态中，店铺环境形象、人员服务形象、售后服务形象、价格促销形象、社会形象对顾客购物满意具有显著正向影响，而便利性形象和店内商品形象对顾客购物满意的影响没有通过显著性检验。[32] 在华外资大型综合超市业态中，除了便利性形象对顾客满意不具有显著影响外，店铺形象其余维度对顾客满意都具有显著影响。

基于以上分析，本书提出如下假设：

**H3：药品零售业的店铺形象对其顾客满意具有直接的正向影响**

H3a：药品零售业的商品形象对其顾客满意具有直接的正向影响

H3b：药品零售业的服务人员形象对其顾客满意具有直接的正向影响

H3c：药品零售业的价格形象对其顾客满意具有直接的正向影响

H3d：药品零售业的便利形象对其顾客满意具有直接的正向影响

H3e：药品零售业的氛围形象对其顾客满意具有直接的正向影响

H3f：药品零售业的商誉形象对其顾客满意具有直接的正向影响

H3g：药品零售业的促销形象对其顾客满意具有直接的正向影响

H3h：药品零售业的设施形象对其顾客满意具有直接的正向影响

H3i：药品零售业的售后形象对其顾客满意具有直接的正向影响

### （四）感知价值对品牌信任的影响

由于消费者是通过购买产品或服务来满足需求，而企业则是通过为消费者提供产品或服务来盈利。因此，企业与消费者之间的关系本质是一种追求各自利益与满足的价值交换关系，即使是在关系营销的范式下，其各自追求的也是一种双赢的价值交换关系。顾客在追求自身消费价值最大化的过程中，在对产品或服务进行购买决策时，首先会对备选产品或服务的各项价值做一个简要评估，然后快速估计出该产品或服务的整体价值，最后根据自己的感知利得和感知利失，从这些备选产品或服务中选择出总体价值最高的作为购买对象。[209] 信任是交易一方对于交易另外一方“相信而敢于委托”的一种感知，是当事人对于被交往对象未来行为趋向的一种判断。品牌信任是消费者在面临不确定性或者风险的情况下，信赖某一品牌实现其承诺的能力的意愿。关于消费者购后感知价值与企业产品或服务品牌信任之间的关系研究，Morgan 和 Hunt（1994）认为消费者从品牌中获得的关系利益是其产生品牌信任的前因变量。[140] Heskett 等（1994）[210]认为企业产品或服务品牌提供给顾客的认知价值将会影响顾客的品牌信任水平。Singh 和 Sirdeshmukh（2000）经研究也发现顾客购后的感知价值是顾客品牌信任的重要前因。[171] Sultan 等（2002）通过在网络零售业的研究指出，当顾客感知到有利的产品或在线服务价值时，将会对网络零售商店品牌产生较高程度的信任。[211] 金玉芳（2005）在化妆品行业的实证研究表明顾客感知到的经济价值对顾客品牌信任有正向影响。[130] 韩冰等（2007）经研究也认为，在网络零售环境下，网络消费者不同形式的感知价值获得会对顾客不同类型的品牌信任信念产生影响。[212] 此外，学术界普遍认为品牌信任不仅是一个单一维度的构念，而是一个多维度的概念，本书赞同这一观点并借鉴 Delgado - Ballester 等（2003）的方法，将品牌信任划分为品牌可靠性和品牌意图两个维度。[177] 基于以上分析，本书提出如下假设：

**H4：药品零售业的感知价值对其品牌可靠性具有直接的正向影响**

**H5：药品零售业的感知价值对其品牌意图性具有直接的正向影响**

### （五）顾客满意对品牌信任的影响

顾客满意是消费者行为研究中的重要概念，顾客对产品或服务品牌的满意感受对顾客随后的消费行为具有非常重要的影响。顾客往往通过对产品或服务品牌的消费来累积满意，在不断的消费体验中建立起对产品或服务品牌的信任，满意达到一定水平之后便对产品或服务品牌产生信任。顾客的满意水平会强化顾客对品牌能力和意图的感知，使顾客能够并愿意依赖该品牌，从而形成对产品或服务品牌的积极态度，导致顾客品牌信任的形成。[213] 作为衡量消费者与品牌之间关系质量的两个重要变量，关于顾客满意与品牌信任之间的关系，尽管学者们存在不完全一致的认识，但是更多学者认为顾客满意是顾客品牌信任的前置因素，顾客品牌信任是顾客满意的结果。McAllister（1995）发现顾客品牌信任是顾客满意体验的回应。[214] Geyskens 等（1999）在服务行业的研究表明，顾客对企业产品或服务品牌的满意水平是促使顾客品牌信任的重要先决条件之一。[215] Anderson 和 Srinivasan（2003）经研究也发现顾客满意是顾客品牌信任的基础前提因素。[216] Delgado - Ballester 等（2003）通过对香波和啤酒行业消费者的研究表明，顾客满意是解释顾客品牌信任的有力前因变量。[177] Christou（2004）在旅游业的研究中也发现旅客对酒店服务的满意水平积极正向影响旅客对酒店服务的品牌信任。[217] Moliner 等（2007）经研究指出顾客对产品或服务品牌越满意，其对产品或服务品牌的信任水平越高。[218] Luk 和 Yip[180]（2008）在金融服务业的研究中也表明，顾客满意程度对金融服务企业品牌的可靠性和意图性两个维度都有显著的直接影响。基于以上分析，本书提出如下假设：

**H6：药品零售业的顾客满意对其品牌可靠性具有直接的正向影响**

**H7：药品零售业的顾客满意对其品牌意图性具有直接的正向影响**

### （六）品牌信任对品牌忠诚的影响

品牌忠诚是近年来消费者行为研究领域的热点问题，早期的研究文献主要集中在重复购买行为方面，后来逐渐过渡到态度偏好方面，现在研究者们普遍认为品牌忠诚是一个既包含行为又包含态度的复杂构念。信任感是忠诚感的基础，品牌要赢得顾客的忠诚感，必须首先要赢得顾客对品牌“值得信赖”的信任感。与顾客满意等其他变量相比，品牌信任可以降低顾客的购买风险，增强顾客的购买信心，更能够深入体现消费者与品牌之间的互动关系，是维持消费者与品牌之间关系连续性的关键因素，并对顾客的购买行为和决策产生显著影响。作为消费者与品牌之间关系的核心概念，品牌信任对品牌赢得顾客忠诚具有重要的影响。消费者对品牌的信任会导致对该品牌的青睐，使消费者与该品牌建立较为紧密的情感依赖和强烈的认同联系，从而会引发对该品牌的继续购买、向他人推荐、支付较高溢价与积极称赞等购后行为。[219] 在先前有关品牌信任与品牌忠诚的关系研究中，较多的文献研究表明顾客品牌信任是顾客品牌忠诚的前因变量。Moorman 等（1992）发现在 B2B 的市场环境下，品牌信任导致品牌忠诚。[153] Morgan 和 Hunt（1994）指出品牌信任能够创造高价值的交换关系，品牌信任会导致顾客品牌忠诚。[140] Kramer（1999）认为品牌信任可以减少顾客在交易中的信息搜寻成本。[220] Lau 和 Lee（1999）提出由于信任可以创造高价值的交换关系，消费者对品牌的信任将引起其积极的行为结果。[176] Chaudhuri 和 Holbrook（2001）实证研究表明消费者品牌信任对品牌行为忠诚和态度忠诚两个维度都具有积极的正向影响。[172] Delgado – Ballester 和 Munuera – Aleman（2005）的研究也证实了品牌信任会积极正向影响顾客的购买意向和品牌忠诚。[221] Moliner 等（2007）发现顾客品牌信任水平越高，则交易成本越低，顾客的品牌忠诚水平越高。[218]基于以上分析，本书提出如下假设：

**H8：药品零售业的品牌可靠性对其品牌信任具有直接的正向影响**

**H9：药品零售业的品牌意图性对其品牌信任具有直接的正向影响**

### （七）感知价值对顾客满意的影响

此外，已有大量文献研究表明，感知价值是顾客满意的重要前因。因此，本书提出如下假设：

**H10：药品零售业的感知价值对其顾客满意具有直接的正向影响**

## 四、变量计量

根据前面构建的概念模型和提出的假设，对相应的变量进行定义与计量，并给出相应的计量尺度。

### （一）计量项目

本问卷的测量题项主要来自三个途径：一是访谈，20 名学生（其中市场营销专业和非市场营销专业各 10 名）参加了访谈活动。通过焦点小组访谈，对学生提及的有关店铺形象方面的词汇进行编码以作为选择测量题项的参考依据。二是在相关研究文献中提取现成的量表。三是结合学生定性访谈的结果，在语义内涵、表达习惯方面做适当修改形成本书问卷的测量题项。

店铺形象问卷在综合参考 Burt 和 Carralero – Encinas（2000）[105]、Vahie 和 Paswan（2006）[112]、Orth 和 Green（2009）[114]、Hsu 等（2010）[116]，以及国内学者王高等（2006）[222]、汪旭晖（2007）[120]、吴锦峰（2009）[31]、杨宜苗和夏春玉（2009）[30]等量表后，结合药品零售业的行业背景，做适当修改后量表由 29 个测量题项组成。感知价值问卷借鉴 Anderson 等（1994）[223]、Cronin 等（1997）[224]的测量量表，由 3 个题项组成。顾客满意问卷借鉴 McDougall 和 Levesque（2000）[206]的测量量表，由 4 个题项组成。品牌信任的两个维度品牌可靠性和品牌意图问卷借鉴 Delgado – Ballester 等（2003）[177]、金玉芳（2005）[130]、Luk 和 Yip（2008）[180]的测量量表，由 10 个题项组成。品牌忠诚主要借鉴 Yi 和 Jeon（2003）[225]、马宝龙（2010）[226]开发的量表，由 4 个题项组成。所有测量题项均采用李克特（Likert）7 点式量表进行测量。

最后，本书总共涉及：商品形象、服务形象、价格形象、便利形象、环境形象、商誉形象、促销形象、设施形象、售后形象、感知价值、顾客满意、品牌可靠性、品牌意图、品牌忠诚共 14 个研究变量。我们在综合前人研究成果的基础上，结合药品零售业的行业实际，各个研究变量的定义如下：

1. 商品形象

该品牌药店的药品品种和种类很多；该品牌药店所卖药品都是正规厂家生产的；我所需要的品牌药品在该品牌药店基本上能够买到；该品牌药店在通常情况下是不会销售假药的。

2. 服务形象

该品牌药店的服务人员服务积极主动；该品牌药店的服务人员服务态度热情友好；该品牌药店的服务人员具有比较丰富的专业知识；该品牌药店的服务人员给我的建议值得考虑。

3. 价格形象

该品牌药店的药品价格相对比较合理；该品牌药店的药品价格让我觉得很公道；该品牌药店的药品价格我能够接受；相对于其他药店，该品牌药店的药品价格并不高。

4. 便利形象

到达该品牌药店的距离很近；到达该品牌药店的交通很便利；该品牌药店的营业时间很便利，可以随时购买；该品牌药店的结账很便利，可以刷医保卡等多种结账方式。

5. 环境形象

该品牌药店附近和内部设施干净卫生；该品牌药店内部空间宽阔明亮。

6. 商誉形象

该品牌药店有较高的知名度；该品牌药店有良好的信用；该品牌药店有较好的口碑。

7. 促销形象

该品牌药店经常搞一些促销活动；该品牌药店的促销活动时间比较长；该品

牌药店的促销方式灵活多样；该品牌药店参与促销的药品品种比较多。

8. 设施形象

该品牌药店有很好的休息设施；该品牌药店具有较好的诊断设施。

9. 售后形象

该品牌药店可以退换药品；该品牌药店会进行售后跟踪服务。

10. 感知价值

我认为在该品牌药店购买药品是物有所值的；我认为在该品牌药店买药质量是有保证的；与其他药店相比，在该品牌药店买药是比较划算的。

11. 顾客满意

对该品牌药店我总体上是满意的；与我购买前的预期相比，我比较满意；与我心目中的药店相比，我比较满意；与到其他药店购买相比，我比较满意。

12. 品牌可靠性

该药店品牌能够满足我对药品购买的需求；我对该药店品牌有信心；该药店品牌没有让我失望；该药店品牌总能让我满意；该药店品牌是有较强实力的。

13. 品牌意图

该药店品牌能真诚地处理我在购买药品中遇到的问题；我可以依靠该药店品牌去解决与所售药品有关的问题；该药店品牌会尽最大努力满足我的需求；当所售药品出现问题时，该药店品牌会以某种方式补偿我；该药店品牌是不会欺骗消费者的。

14. 品牌忠诚

如果需要购买药品，我会继续光顾该品牌药店；我会向其他人推荐该品牌药店；如果该品牌药店的药品价格在现有的基础上提高一点点，我仍会在该品牌药店购买药品；只有在非常特殊的情况下我才会考虑选择去其他品牌药店购买药品。

### （二）计量尺度

本书概念模型中的变量均采用李克特（Likert）7 点计量尺度。各变量的代码、计量尺度及文献来源如表 3－1 至表 3－5 所示。

表 3-1 店铺形象计量尺度

| 一阶维度 | 二阶维度 | 变量或计量尺度 | 变量描述 |
|---|---|---|---|
| 店铺形象 | 商品形象 | Com1 | 该品牌药店的药品品种和种类很多 |
| | | Com2 | 该品牌药店所卖药品都是正规厂家生产的 |
| | | Com3 | 我所需要的品牌药品在该品牌药店基本上能够买到 |
| | | Com4 | 该品牌药店在通常情况下是不会销售假药的 |
| | 服务形象 | Sta1 | 该品牌药店的服务人员服务积极主动 |
| | | Sta2 | 该品牌药店的服务人员服务态度热情友好 |
| | | Sta3 | 该品牌药店的服务人员具有比较丰富的专业知识 |
| | | Sta4 | 该品牌药店的服务人员给我的建议值得考虑 |
| | 价格形象 | Pri1 | 该品牌药店的药品价格相对比较合理 |
| | | Pri2 | 该品牌药店的药品价格让我觉得很公道 |
| | | Pri3 | 该品牌药店的药品价格我能够接受 |
| | | Pri4 | 相对于其他药店，该品牌药店的药品价格并不高 |
| | 便利形象 | Con1 | 到达该品牌药店的距离很近 |
| | | Con2 | 到达该品牌药店的交通很便利 |
| | | Con3 | 该品牌药店的营业时间很便利，可以随时购买 |
| | | Con4 | 该品牌药店的结账很便利，可以刷医保卡等多种结账方式 |
| | 环境形象 | Env1 | 该品牌药店附近和内部设施干净卫生 |
| | | Env2 | 该品牌药店内部空间宽阔明亮 |
| | 商誉形象 | Rep1 | 该品牌药店有较高的知名度 |
| | | Rep2 | 该品牌药店有良好的信用 |
| | | Rep3 | 该品牌药店有较好的口碑 |
| | 促销形象 | Pro1 | 该品牌药店经常搞一些促销活动 |
| | | Pro2 | 该品牌药店的促销活动时间比较长 |
| | | Pro3 | 该品牌药店的促销方式灵活多样 |
| | | Pro4 | 该品牌药店参与促销的药品品种比较多 |
| | 设施形象 | Fac1 | 该品牌药店具有很好的休息设施 |
| | | Fac2 | 该品牌药店具有较好的诊断设施 |
| | 售后形象 | Cus1 | 该品牌药店可以退换药品 |
| | | Cus2 | 该品牌药店会进行售后跟踪服务 |

**表 3－2 感知价值计量尺度**

| 一阶维度 | 二阶维度 | 变量或计量尺度 | 变量描述 |
|---|---|---|---|
| | 感知价值 | PV1 | 我认为在该品牌药店购买药品是物有所值的 |
| | | PV2 | 我认为在该品牌药店买药质量是有保证的 |
| | | PV3 | 与其他药店相比，在该品牌药店买药是比较划算的 |

**表 3－3 顾客满意计量尺度**

| 一阶维度 | 二阶维度 | 变量或计量尺度 | 变量描述 |
|---|---|---|---|
| | 顾客满意 | CS1 | 对该品牌药店我总体上是满意的 |
| | | CS2 | 与我购买前的预期相比，我比较满意 |
| | | CS3 | 与我心目中的药店相比，我比较满意 |
| | | CS4 | 与到其他药店购买相比，我比较满意 |

**表 3－4 品牌信任计量尺度**

| 一阶维度 | 二阶维度 | 变量或计量尺度 | 变量描述 |
|---|---|---|---|
| 品牌信任 | 品牌可靠性 | BR1 | 该药店品牌能够满足我对药品购买的需求 |
| | | BR2 | 我对该药店品牌有信心 |
| | | BR3 | 该药店品牌没有让我失望 |
| | | BR4 | 该药店品牌总能让我满意 |
| | | BR5 | 该药店品牌是有较强实力的 |
| | 品牌意图 | BI1 | 该药店品牌能真诚地处理我在购买药品中遇到的问题 |
| | | BI2 | 我可以依靠该药店品牌去解决与所售药品有关的问题 |
| | | BI3 | 该药店品牌会尽最大努力满足我的需求 |
| | | BI4 | 当所售药品出现问题时，该药店品牌会以某种方式补偿我 |
| | | BI5 | 该药店品牌是不会欺骗消费者的 |

表 3-5 品牌忠诚计量尺度

| 一阶维度 | 二阶维度 | 变量或计量尺度 | 变量描述 |
| --- | --- | --- | --- |
| | 品牌忠诚 | BL1 | 如果需要购买药品，我会继续光顾该品牌药店 |
| | | BL2 | 我会向其他人推荐该品牌药店 |
| | | BL3 | 如果该品牌药店的药品价格在现有的基础上提高一点点，我仍会在该品牌药店购买药品 |
| | | BL4 | 只有在非常特殊的情况下我才会考虑选择去其他品牌药店购买药品 |

## 五、分析方法

在有关问卷调查的研究中，数据分析方法主要是针对问卷调查所得的数据进行的。在进行探索性研究样本数据分析和正式研究样本数据分析时，主要的分析方法有：探索性因子分析、内部一致性信度检验、效度检验、验证性因子分析等。为完成对样本数据的分析，本书使用了两个统计软件：SPSS18.0 和 Amos7.0。运用 SPSS18.0 主要进行描述性统计分析、因子分析、信效度分析等；运用 Amos7.0 进行结构方程模型分析，主要包括验证性因子分析和路径分析等。

### （一）样本容量选取

由于结构方程模型是基于协方差矩阵而来，因此，其与相关分析类似，模型的参数估计与适配度的卡方检验对样本数量的大小较为敏感。若是研究样本的数量过少，会使模型估计结果的稳定性变差。那么，在结构方程模型分析中，究竟多少个样本数量最合适？对于此一问题，不同的学者给出了不同的建议。Kling（1998）经研究发现，在使用结构方程模型分析中，如果研究的样本数量低于100，则模型的参数估计结果是不可靠的。[227] Rigdon（2005）认为在使用结构方程模型进行分析时，研究样本的数量至少应该在 150 个以上。[228] 如果研究样本的数量在 150 个以下，除非各变量间方差矩阵系数非常理想，否则模型估计的结果是不稳定的。并且，他认为当观察变量数量超过 10 个及以上，而研究样本的数量低于200时，则模型的参数估计是不稳定的，而且模型的统计检验力会很低。Lomax与Loehlin（1992）提出在运用结构方程模型分析时，如果研究的样本数量未能达到200个以上，则最少也应该有100个。[229] Mueller（1997）认为使用单纯的结构方程模型分析，其研究样本大小的标准至少在100个以上，若是200个以上则更佳。[230]如果仅从模型中观察变量的数量来分析研究样本的数量，则研究样本的数量与观察变量的数量之比至少应该在10∶1至15∶1之间。学者Bentler与Chou（1987）经研究发现，如果研究变量符合正态或椭圆的分布的话，则研究样本的数量是观察变量数量的5倍就足够了；如果是其他的分布，则研究样本的数量需要是观察变量数量的10倍以上[231]。在完整的结构方程模型分析中，若是有15个观察变量或是测量指标，则研究样本数量应该有75个，较佳的研究样本数量应该在150个以上。本书在使用结构方程模型分析中涉及较多的变量，总共49个观察变量，按照Mueller（1997）[230]、Bentler和Chou（1987）[231]的建议，样本数量在245~745个是可以接受的。本书一共收集了1036个有效样本，因此在样本容量上是远远达到要求的。

### （二）数据缺失处理

缺失值是在许多涉及数据收集的调查研究中时常出现的现象，却又是统计分析人员和数据采集人员最不愿意碰到的，但又不可完全避免的问题。例如在大型随访调查中，即使拥有非常严格的质量控制过程，但是含有缺项、漏项的数据样本也可能很容易地达到10%，而在进行某些涉及敏感问题的调查时，缺失值的情况就更加突出（张文彤，2004）。[232]实际上，被调查者在填写问卷时，可能会由于各种原因而漏填某些问题，这样就造成了样本数据缺失的结果。从统计学角度来看，数据缺失情况通常包括完全随机缺失、随机缺失和非随机缺失三种类型：①完全随机缺失（missing completely at random，MCAR）：指数据缺失现象的产生与其自身或其他变量的取值无关，是完全随机的。对这种缺失值的处理比较简单，假如MCAR假设为真，则可以直接将缺失值删除，而不必担心估计偏差，但是这样做的缺陷是会丢失一些样本信息。②随机缺失（missing at random，MAR）：是指有缺失值的变量其缺失情况的发生通常与数据中其他无缺失变量的取值有关。这种情况比较常见，在这种情况下缺失值的出现不但会导致损失一些有效信息，而且可能会对整个分析结论产生偏差。③非随机缺失（nonignorable）：是指数据的缺失不但与自身取值有关，而且与其他变量的取值有关。例如在对被调查人员的收入进行调查时，收入高的人出于各种原因不愿意提供家庭年收入的值。这是一种比较麻烦的情形，相关模型在对这种情况的缺失值进行分析时就比较困难，只能做一个非常概略的估计。因此在有关文献中，非随机缺失也通常被称之为不可忽略的缺失（nonignorable，NI）。

假如样本数据缺失量在 10% 以内，则需要区分缺失状况是属于完全随机缺失还是随机缺失。对于完全随机缺失的样本数据，根据部分学者的建议，可以采用删除法和替代法进行处理；对于随机缺失的样本数据，则可以采用模型测算法进行处理。

删除法又包括列表删除和配对删除两种方法。列表删除（listwise deletion）或者样本删除（casewise deletion）是指假如某个样本中任意变量包含缺失数据，则从数据资料中清除整个样本。显然，这一方法将会减少分析所用到的信息。配对删除（pairwise deletion）是指结构方程模型分析中所用到的二元的相关系数和协方差是基于那些可得的配对数据进行计算。这样，虽然与列表删除相比能够多引用一些样本信息，但是这会导致每个相关系数或协方差所基于的样本数不同，从而可能产生非正定的协方差矩阵，导致模型无法拟合。

替代法就是用一个具体的数值去代替缺失的数值的方法，最常用的替代法有均值替代法、回归替代法、相似替代法等。均值替代法是用存在缺失数据的变量均值，取代该变量的缺失值。这一方法简单可行，而且不会造成样本统计均值的偏差，在实践中也运用最多。这一方法的缺点则是可能降低该变量的方差，而且，由于插入的是平均数，该变量的实际分布可能会趋向于较高的峰值。回归替代法则是基于完全数据的样本为存在缺失数据的变量设计一个回归等式，把该变量作为因变量，而后使用所有的其他相关变量作为自变量，这样把可得的数据输入回归方程得到的预测值来代替缺失的数据。显然，这一方法增强了数据资料不同变量之间的相关性，如果理论上不支持这一相关关系，这一方法则不宜实行。相似替代法是识别调研样本之外与含有缺失数据样本最相似的样本，把寻找到的这一样本中的相应数值代替样本中的缺失值。这一方法的缺点是增加了额外的数据调研成本，特别是在当调研过程极其烦琐的时候。

模型测算法通常包括期望最大化法（expectation maximization，EM）和最大似然法。期望最大化法是含有两步离散步骤的一个迭代程序。在期望（E）步骤，首先计算出完整数据的对数最大似然期望值。在最大化步骤（M），把 E 步骤算出的期望值代入缺失值，然后重新最大化似然函数，计算出新的期望值。反复进行这两个步骤直到得到收敛值。最大似然法则是用所有可得的数据来生成一个基于最大似然法的统计量，这些统计量通常包括各变量的均值以及变量之间的协方差矩阵，基于这些统计量推断出缺失值。[233]

在接下来的研究中，为了保证样本数据的完整性，将采用列表删除法使用SPSS18.0统计分析软件对样本中的缺失数据进行处理。

### （三）数据正态分析

样本数据的正态分布性是一些常用的参数估计方法对样本数据的基本假设。例如最大似然法（maximum likelihood，ML）和一般最小二乘法（generalized least squares，GLS）的运行，都要求样本数据符合正态分布的特点。同样，在运用结构方程模型进行分析时，样本数据也要求为符合正态分布的特点。如果样本数据不符合正态分布的特点，结构方程模型参数估计的标准差（standard error）和显著性检验统计值（t－value）将会产生偏差，进而导致估计结果的显著性检验失效。

在统计学中，通常通过考察数据的偏度和峰度绝对值，来检验数据是否符合正态分布的特点。Kline（1998）认为，当运用偏度和峰度系数来对数据正态分布进行检验时，其参考指标是：偏度绝对值小于或等于2；峰度绝对值小于或等于5；同时要求问卷数量为测度指标数目的5倍左右即可。但在结构方程模型分析中，若是样本数据观察变量的偏度系数大于3、峰度系数大于8，可能偏离正态分布，尤其是峰度系数大于20时，表示数据变量峰度与正态峰差异极大（Kline，1998）。[234]

虽然峰度和偏度的计算为数据的多元正态分布判定提供了一定的可操作性，但是，由于数据多元正态分布的假设常常过于严格，而在实际的研究中大部分的样本数据都是呈多元非正态分布。因此，Kline（1998）建议，如果样本数据单变量的非正态性不严重时，可以采用最大似然法来拟合结构方程模型。[234]所以，在实际操作的时候，若我们发现数据单变量的正态分布未出现较大问题时，可以对数据执行进一步的模型拟合；若单数据变量正态分布出现了较大问题，则必须寻找其他的方法来实施结构方程模型分析，例如，对数据进行变换、将数据正态化等。

Amos内定的估计方法为最大似然法（ML），研究证实最大似然法（ML）在大多数情况下，其参数估计结果比其他方法更佳（吴明隆，2009）。[235]使用最大似然法（ML）对数据进行估计需要样本数据符合正态分布的特点，但是 Hu 等（1992）也指出最大似然法（ML）在通常情况下是比较稳健的估计方法，即使当样本数据不满足正态分布的特性时，基于最大似然法（ML）估计的参数结论仍能是可信的。[236]因此，本书在使用结构方程模型分析时，也采用最稳健的最大似然法（ML）对参数进行估计。

### （四）数据类型处理

结构方程模型分析中通常要求样本数据是连续变量。尽管实际研究中确实有一部分变量是连续变量，例如，年龄、距离等，但是在社会科学研究领域，研究人员最常遇到的是定序变量。例如，研究人员的数据通常是依赖调查问卷而得，而这些问卷的量表通常都是 5 分表或者 7 分表，其填答结果必然是整数，因此，最终收集到的数据显然并非连续变量。

尽管如此，在实际操作中，往往还是将定序变量作为连续变量加以统计分析，虽然这种方式可能会带来诸如分析结果的有偏性等一些问题。黄芳铭（2005）认为有两个观点可以支持这种变通的应用，其一是在 ML 估计中采用协方差矩阵作为输入矩阵，相对于采用相关系数矩阵来说，可以降低估计的偏差；其二是当定序变量的类别数目大于 4 时，可以不用担心将定序变量用于结构方程模型分析所带来的问题。[237] Rigdon（1998）发现定序变量存在 5 个以上的类别，并且其分布不是严重的非正态时，所产生的问题并不严重。[238]

基于这一观点，在实际分析时，许多研究人员都将定序变量作为连续变量处理。本书也将采用把定序变量作为连续变量来分析处理数据。

### （五）结构方程模型

结构方程模型（structurral equation modeling，SEM），或称潜在变量模型（latent variable models，LVM）是 20 世纪 70 年代由统计学者 Joreskog 和 Sorbom 两人在统计理论基础上发展而来的，它是一种运用线性方程系统来表示观察变量与潜在变量之间，以及潜在变量与潜在变量之间关系的统计方法。结构方程模型的实质是一种广义的一般线性模型（general linear model，GLM）。与传统的线性回归模型不同，结构方程模型整合了因素分析（factor analysis）和路径分析（path analysis）两种统计方法，可以同时检验模型中包含的显性变量、潜在变量、干扰项或误差变量之间的关系，进而获得自变量对应变量之间的各种影响关系。因此，结构方程模型的使用范围比传统的线性回归模型广泛许多。当前，这一统计建模分析方法已经在社会科学的诸多领域，如管理学、社会学、教育学、心理学、计量经济学等中得到了广泛的应用。

结构方程模型由测量模型和结构模型两个部分组成。测量模型主要用于表示潜变量与观测变量之间的关系，它是建立在对所研究的问题有所了解的基础之上；结构模型主要用于表示潜变量与潜变量之间的关系。在结构方程模型中，通常把那些不能准确、直接测量的变量称为潜变量，而把那些能够直接测量的外显指标称为观测变量。需要特别指出的是，结构方程模型分析方法是一种验证性（confirmatory）的分析方法，而不是探测性（exploratory）的分析方法。也就是说，使用结构方程分析方法是去判定一个特定模型是否合理，而不是去寻找和发现一个适合数据的模型。

### （六）拟合指数选取

学者们对有关结构方程模型配适度的评价有许多不同的看法，但是以学者Bagozzi和 Yi（1988）的观点较为全面，他们认为假设模型与实际数据是否契合，必须同时考虑以下三个方面的因素：基本适配度指标、整体模型适配度指标和模型内在适配度指标。上述整体模型适配度指标 Bagozzi 和 Yi 又将其细分为绝对拟合指数、相对拟合指数、简约拟合指数。[239]

绝对拟合指数中常用的参数是 $\chi^2/df$（卡方自由度比）、渐进残差均方和平方根（root mean square error of approximation，RMSEA）、适配度指数（good of fit index，GFI）以及调整后适配度指数（adjusted good of fit index，AGFI）。其中 $\chi^2/df$ 多用于模型比较，而 RMSEA 则多用于评价单个模型。通常情况下，$\chi^2/df$ 越小，表示假设模型的协方差矩阵与观察数据越适配；$\chi^2/df$ 越大，表示模型的适配度越差。学者 Carmines 和 McIver（1981）认为 $\chi^2/df$ 小于 2 时表示假设模型的适配度较佳。[240]学者吴明隆（2009）进一步指出，$\chi^2/df$ 小于 1 时表示模型过度适配，若大于 3 时（较宽松值为 5）表示模型配适度不佳，若其值介于 1 ~ 3 表示模型适配良好，较为严格的适配度准则是卡方自由度比值介于 1 ~ 2，表示假设模型与样本数据的契合度可以接受。[235] RMSEA 是一种不需要基准线的绝对性指标，通常情况下，其值越小表示模型的适配度越佳。Browne 和 Cudeck（1993）认为，当 RMSEA 的数值高于 0. 10 及以上时，则表示模型的配适度欠佳；其值若在 0. 08 ~ 0. 10 则表示模型尚可，模型具有普通适配性；其值若在 0. 05 ~ 0. 08 则表示模型良好，即模型具有合理适配性；当其值小于0.05时则表示模型适配度非常好。[241]学者Hu与Bentler（1999）则建议模型适配度可以接受的范围是RMSEA数值低于0.06。[242]McDonald与Ho（2002）则提出RMSEA数值等于0.08是模型契合度可以接受的门槛，其数值若小于0.05则表示模型的配适度良好。[243]Marsh和Balla（1994）指出与卡方值相比，RMSEA值较为稳定，其数值的改变不易受样本多寡的影响，因而在评价模型契合度时，RMSEA值均比其他指标值为佳。[244]

GFI（good of fit index）为适配度指数，也被称为良适性适配指标，其用来显示观察矩阵中的方差与协方差可被复制矩阵预测得到的量，其数值是指根据样本数据的观察矩阵与理论构建复制矩阵之差的平方和与观察的方差的比值。GFI越大，表示理论构建复制矩阵能解释样本数据的观察矩阵的变异量越大，两者的契合度越高。GFI数值通常介于0~1，若其值越接近1，则表示模型的适配度越佳；若GFI值越小，则表示模型的适配度越差。通常的判别标准是若GFI值大于0.90，则表示模型路径图与实际数据有良好的适配度。AGFI（adjusted good of fit index）为调整后适配度指数，也被称为调整后良适性适配指标。一般的判别标准是AGFI值大于0.90，表示模型路径图与数据有良好的适配度（Hu & Bentler，1999）。[242]学者Bollen与Long（1993）也提出模型契合度良好的AGFI评价指标应提高到0.92以上。[245]

相对拟合指数统计量通常是将待检验的假设理论模型与基准线模型的配适度相互比较来判别模型的契合度。常用的相对拟合指数包括：规准适配指数（normed fit index，NFI）、相对适配指数（relative fit index，RFI）、增值适配指数（incremental fit index，IFI）、非规准适配指数（tacker－lewis index，TFI）、比较适配指数（comparative fit index，CFI）。通常情况下NFI值、RFI值、IFI值、TFI值、CFI值大多介于0~1，若其值越接近1则表示模型配适度越佳，若其值越小则表示模型契合度越差。但是，其中IFI值、CFI值、TFI值可能会大于1。一般而言，上述五个指标值用于判别模型路径图与实际数据是否适配的标准为0.90以上。此外，学者Hu与Bentler（1999）指出，如果RFI值大于或等于0.95，则模型的配适度相当完美。[242]

简约拟合指数主要包括：PNFI（parsimony－adjusted NFI），即简约调整后的规准适配指数。PNFI主要用于具有不同自由度模型之间的比较，其值越高越好。黄芳铭（2005）指出一般而言，当比较不同的模型时，如果PNFI的差异为

0.06~0.09，则可以视为模型间具有真实的差异存在。如果不做模型比较，只对假设模型的契合度进行判别时，一般如果 PNFI 值大于 0.50，则表示假设理论模型是可以接受的。[237] PGFI（parsimony good - of - fit index），即简约适配度指数，其性质与 PNFI 类似，PGFI 值通常介于 0~1，其值越大则表示模型的适配度越佳。判别的标准通常是 PGFI 大于 0.50，表示模型是可以接受的。

根据上述总结分析以及使用研究软件的实际情况，本书选取 $\chi^2$/df、GFI、AGFI、RMSEA、NFI、RFI、IFI、TFI、CFI 等拟合优度指标来评价模型。这些指标及其判断标准如表 3-6 所示。

**表 3-6 拟合指标选取及其判断标准**

| 拟合指标 | $\chi^2$/df | GFI | AGFI | RMSEA | NFI | RFI | IFI | TFI | CFI |
|---|---|---|---|---|---|---|---|---|---|
| 判断标准 | <3 | >0.90 | >0.90 | <0.08 | >0.90 | >0.90 | >0.90 | >0.90 | >0.90 |

### （七）信度与效度分析

任何测量工具所必不可少的两个具有密切关系的条件是信度（reliability）和效度（validity）。信度仅指测量结果是否一致、可靠、稳定，而不涉及测量的东西是否正确。有可能一个测评了多次的结果非常相似，但并不能测量出所想要测量的内容。效度则是针对测量的目的来探究测评能否测出所想要测量的特征。通常情况下，有信度的测评不一定就有效度，但有效度的测评必定有信度。效度是任何一个测量的首要条件，信度则是效度不可或缺的辅助条件，也就是说，信度是效度的必要条件，而非充分条件。任何一个测量如无信度，则无效度，如有信度，但未必有效度。

1. 信度

信度是测量者对于相同的或相似的现象（或群体）进行不同形式或不同时间的测量之后，其所得结果的一致性的程度，其反映的是测量结果的一致性（consistency）或稳定性（stability）。实际上，任何一个通过测量所得到的观测值都包括了实际值与误差值两个部分，而信度越高则表示其测量的误差值越低，而在这种情况下所得到的观测值就不容易受形式或时间的改变而改变，具有较强的稳定性。[246]

在统计学当中主要有以下四种基本的信度类型：①再测信度（retest reliability）：

这主要是指对同一群调查对象采用同一种测量方法，在不同的时间点先后测量两次，看两次测量结果的接近程度。但使用这种方法时，要求两次测量所采用的方法和所使用的工具是完全一样。②折半信度（split half reliability）：这主要是指将全部测量题项按奇偶项分成两半，分别记分，测算出这两半分数之间的相关系数，再来确定整个测量的信度系数。需要指出的是，折半信度属于内在一致性系数，其测量的是两组项目间的一致性。③α 信度（Cronbach α）：这是在各类调查中比较常用的一个信度指标，在社会科学研究中 α 信度系数的使用率最高。α 信度系数是内部一致性的函数，也是题项间关联度（interrelatedness）的函数。④建构信度（construct reliability，CR）：在结构方程分析模型中，对信度的主要评价指标是所谓的建构信度。建构信度主要用于评价属于一个潜变量的观察变量之间的内在一致性。建构信度高，表示各观察指标之间存在高度的相关性，表明该潜变量的所属观察指标的内在一致性较强；反之，则表示各观察指标相关性不高，表明该潜变量的所属观察指标的内在一致性不强。

在通常的研究中，李克特量表中使用最多的内部一致性信度检验方法为 α（Cronbach α）信度系数，α 信度系数值介于 0 ~ 1，α 出现 0 或 1 两个极端值的概率极低（但也有可能）。究竟 α 信度系数值要多大才算有高的信度，不同的学者对此看法也不尽相同。Nunnally（1978）认为 α 信度系数值等于 0.70 是一个较低值，但还是可以接受的量表边界值。[247]学者 DeVellis（1991）也提出，如果测量问卷的 α 信度系数值为 0.60 ~ 0.65 则最好不要；如果 α 信度系数值介于 0.65 ~ 0.70 则是最小的可接受值；如果 α 信度系数值介于 0.70 ~ 0.80 则相当好；如果 α 信度系数值介于 0.80 ~ 0.90 则非常好。[248]吴明隆（2010）在综合各学者的观点之后指出，一份信度系数较好的量表，其总量表的 α 信度系数值应该在 0.80 以上，假如 α 信度系数值为 0.70 ~ 0.80，也是可以接受的范围；假如是分量表，其 α 信度系数值最好在 0.70 以上；假如 α 信度系数值为 0.60 ~ 0.70，也可以接受使用的。但是如果分量表的 α 信度系数值在 0.60 以下或总量表 α 信度系数值在 0.80 以下，则应该考虑重新修订量表或增删题项。[249]

结构方程模型分析方法本身具有一种可以用来检验潜变量的信度指标，称为建构信度，也被称为组合信度。建构信度检验每一个潜在变量的观察变值间内部一致性程度的高低。学者 Bagozzi 和 Yi（1988）认为组合信度在 0.60 以上，就表示潜在变量的组合信度良好。[239]此观点与学者 Diamantopoulos 和 Siguaw（2000）所提的论点基本相同。[250]学者 Raines – Eudy（2000）认为组合信度只要在 0.50

以上即可。[251]

除了 Cronbach α 系数和建构信度以外，还需估计单一观察变量的信度，其可以从指标变量 $R^2$（多元相关系数的平方，squared multiple correlation，SMC）值来衡量，指标变量的 $R^2$ 表示指标变量的方差能被其基底潜在变量解释的程度，可以作为单一变量的信度指数。若其值越高表示指标变量能被其潜在变量解释的变量越多，代表指标具有良好的信度。相反，若 $R^2$ 值很低，表示指标变量与潜在变量的关系不密切，指标变量的信度不佳。学者 Bagozzi 和 Yi（1988）认为单一观察变量的信度 $R^2$ 应大于 0.50。[239] 基于上述分析，本书将从 Cronbach α 系数（包括该量表 α 系数和各维度的 α 系数）、单一观察变量信度和建构信度三个方面来逐一考察各量表的内部一致性信度。

2. 效度

效度是指测量者所设定的测量工具能够测量到的测量者所需要测量的心理或行为特质的程度。由于在社会科学研究中所使用的测量通常是一种间接的测量，因此，研究中所设计的测量程序或方法能否充分反映所要测量的概念，是社会科学研究中的一个重要而不可回避的问题。测量的效度通常也被称为测量的有效度或准确度，在通常的学术研究中经常出现的效度有以下三种，但是由于在实际测量中存在各种困难，所以，研究者只能选取其中的某些指标来表明某变量的效度。①内容效度（contenl validity），也称表面效度（face validity）或逻辑效度（logical validity）。测量工具的内容效度是指该测量工具是否包含了它所要测量的某一构念的所有项目（层面），也即测验或量表的内容是否具有适当性与代表性。如果测量工具包含了它所要测量的某一构念的代表性项目（层面），则此测量工具基本上可以被认为是拥有内容效度的。②效标关联效度（criterion – related validity），也称同时效度（concurrent validity）、实用效度（pragmatic validity）或预测效度（predictive validity）。其指测量结果与外在效标间关系的程度，如果测量结果与外在效标间的相关程度较高，则表示此测量结果的效标关联效度较高。③建构效度（constructive validity）。是指某一组测量指标能够测量出该理论的特质或概念的程度。建构效度又可以分为收敛效度和区别效度，只有当这两个效度同时获得时，才可以认为该量表具有良好的建构效度。

学者们对于收敛效度与区别效度的检验提出了许多方法。在收敛效度的检验方面，学者 Bollen（1989）发现测量模型中一些指标的效度评价可以通过检验每一个潜在变量与其指标间的系数大小和显著性来反映，即观察变量在潜变量上的标准化负荷量，也即标准化效度系数，如果该系数经假设检验有意义则表示这些观察变量可以用来反映其潜变量。[252]吴明隆[235]（2009）认为可以使用平均方差抽取量（average variance extracted，AVE）来检验各变量的收敛效度。AVE 值若大于 0.5，说明测量项目解释了因子 50% 以上的方差，各指标变量可以有效地反映其潜在变量，表示该潜在变量具有良好的收敛效度。在区别效度方面，学者 Fornell 和 Larcker 建议，当 AVE 的平方根大于所有因子之间的相关系数时，因子分析的判别效度较好。[253]此外，学者 Joreskog（1993）也发现区别效度可以通过比较各维度方差萃取量（variance extracted，VE）的平方根与各维度间的相关系数来判断，其判断标准是如果各维度方差萃取量的平方根大于各维度间之相关系数的个数，占整体比较个数的 1/2 以上，那么就认为该维度具有较好的区别效度。[254]

基于以上的分析，本书将借鉴、采用吴明隆（2009）[235]和 Joreskog（1993）[254]的检验方法对所涉及的研究变量的收敛效度和区别效度进行检验。

# 第四章　前测分析

吴明隆（2010）指出，研究者在使用问卷进行调查时，使用者在统整专家提供的意见之后，对量表构面的测量题项进行适当的修正，修正后问卷会较之前所编制的问卷更为全面，此时使用者必须进行问卷预试程序。[249]为了提高本书所设计问卷整体的效度与信度，找出各测量量表潜在的结构，减少题项的数目，使之变为一组较少而彼此相关较大的变量。因此，在正式进行大规模调查之前有必要对调查问卷进行前测分析。在问卷统计与分析中，前测分析阶段最常用的方法是通过探索性因素（exploratory factor）分析和信度分析来遴选变量的测量问项（item）。这其中，探索性因素分析主要是用来确定量表的基本构成与问项；信度分析则主要用来精简问卷，删除对测量变量毫无贡献的问卷项目，以增进每个测量变量的信度。

在此部分就进行正式问卷前的测前所得的小样本数据进行描述性统计分析、探索性因子分析，以及问卷的信度与效度检验，并据此结果对问卷和概念模型进行修改与调整。

在问卷预试样本的选取上，若是使用者要进行探索性因素分析，且研究的总体样本为一般群体，预试样本的人数最好为量表测量题项总数的 5 倍以上。预试样本人数若为量表测量题项数的 5～10 倍，则探索性因素分析结果的因素结构会较为稳定，即因素分析程序萃取的共同因素及因素构面所包含的测量题项会与原先使用者编制的架构较为接近（吴明隆，2010）。本书的探索性研究数据采集采用抽样调查的方式取得，共发放 360 份问卷，回收 320 份，回收率约为 89%，有效问卷 279 份，有效率约为 87%。本探索性问卷总共包括 51 个测量题项，总共有效问卷为 279 份，预试样本人数为量表测量题项数的 5. 5 倍，因此符合学者吴明隆（2010）对探索性研究预试样本的要求。本探索性研究的抽样调查样本具体地域分布情况如表 4－1 所示。

表 4－1　探索性研究调查样本地域分布情况

| 地域分布 | 发放问卷（份） | 回收问卷（份） | 问卷回收率（%） | 有效问卷（份） |
|---|---|---|---|---|
| 四川 | 100 | 100 | 100 | 80 |
| 重庆 | 100 | 95 | 95 | 76 |
| 云南 | 80 | 64 | 80 | 63 |
| 贵州 | 80 | 61 | 76 | 60 |
| 合计 | 360 | 320 | 89 | 279 |

## 一、描述分析

根据探索性研究样本的性别、年龄、学历、收入等维度对样本进行描述性统计分析。在性别方面：男性 126 份，占 45.2%；女性 153 份，占 54.8%，具体分布如图 4－1 所示。

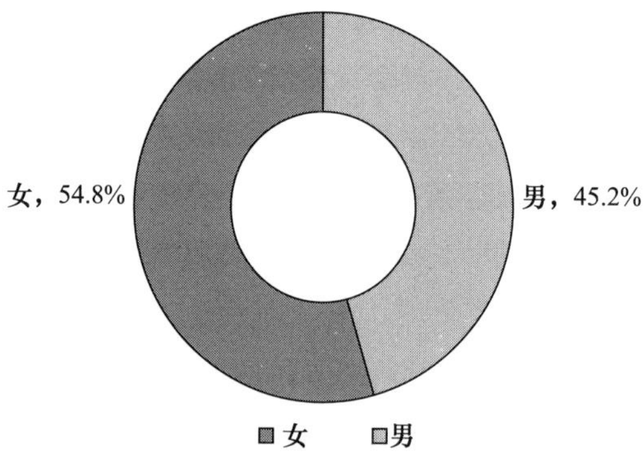


图 4－1　探索性研究样本性别比例情况

在探索性研究的问卷中，样本年龄段共分为七级，从回收的有效问卷来看，样本年龄分布不均，样本群体的年龄分布主要集中在 41～50 岁 、51～60 岁和 61～70岁三个年龄段，其比例分别为 19.0%、21.1% 和 20.8%。具体情况如图 4－2 所示。

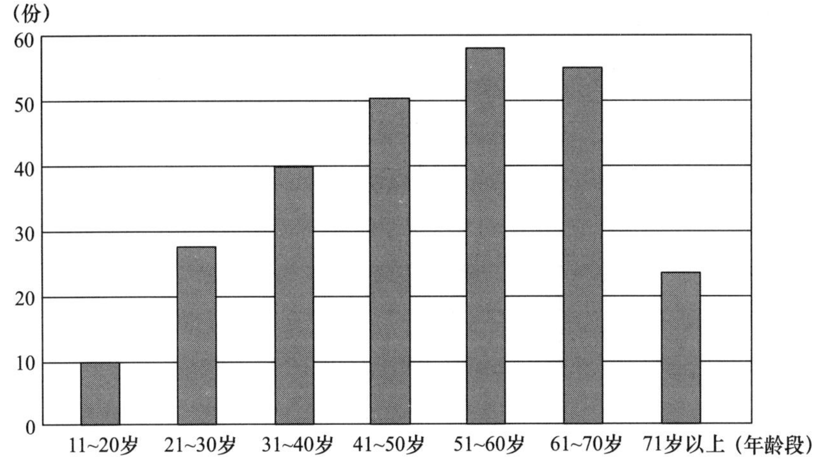


**图 4－2 探索性研究样本年龄分布情况**

在探索性研究的问卷中，样本受教育程度共分为五级，从回收的有效问卷来看，样本受教育程度不均，样本群体的受教育程度主要集中在中专、大专和本科三个层次，其比例分别为20.8%、21.9%和24.4%。具体情况如图4－3所示。

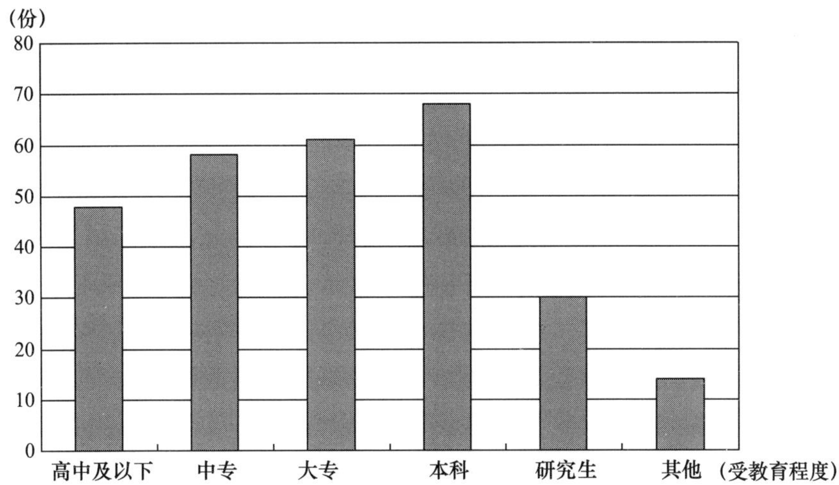


**图 4－3 探索性研究样本受教育程度**

在探索性研究的问卷中，样本月收入情况共分为八级，从回收的有效问卷来看，样本月收入情况不均，样本群体的月收入情况主要集中在2001～3000元、

3001～4000 元和 4001～5000 元三个层次，其比例分别为 20%、21.1% 和 18.6%。具体情况如图 4－4 所示。

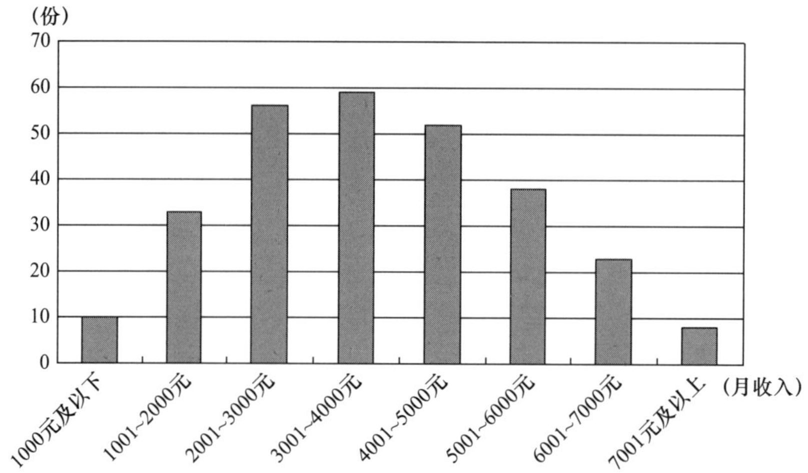


图 4－4　探索性研究样本月收入情况

在探索性研究的问卷中，样本工作单位情况共分为六级，从回收的有效问卷来看，样本工作单位情况不均，样本群体的工作单位情况主要集中在民营企业、事业单位和国有企业三个层次之间，其比例分别为 35%、18% 和 14%。具体情况如图 4－5 所示。

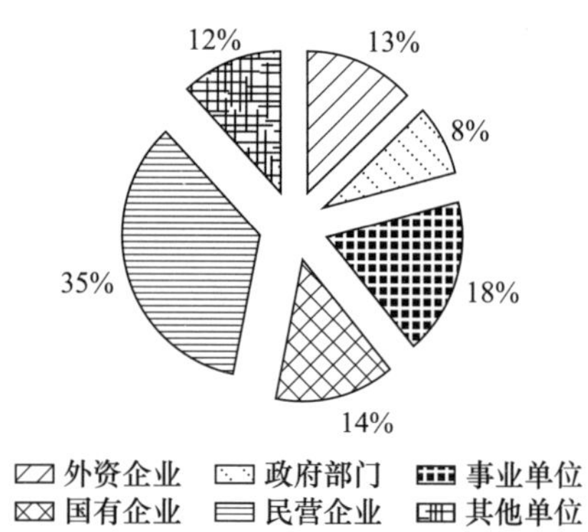


图 4－5　探索性研究样本工作单位情况

## 二、EF 分析

因素分析（factor analysis）是一种主要用来简化变量、分析变量间的组群关系或探寻变量背后共同的潜在构念的统计技术。也就是说，因素分析是为了验证研究者所提出的测验工具是否能够用以测量某一潜在特质的强度与内在结构，而将一组具有共同特性或者具有特殊结构关系的测量指标，抽离出其背后的潜在构念并进行因素关系寻找的统计分析技术（邱皓政、林碧芳，2009）。[255]因素分析包括探索性因素（exploratory factor，EF）分析和验证性因素（confirmatory factor）分析两种。

在研究实践中，研究者通常在进行因素分析之前，对于数据的因素结构没有任何明确的预期与立场，而是通过样本数据分析因素的结构，此种因素分析方法带有浓厚的尝试和探索的意味，因此称之为探索性因素分析（exploratory factor analysis，EFA）。验证性因素分析（confirmatory factor analysis，CFA）则是研究者在研究中对已经提出的某种特定的结构关系的假设的检验与确定。

对探索性因素分析而言，测量变量的理论构念是因素分析的产物，因素结构是通过数理统计程序从一组独立的测量指标或题项中，并在研究者主观判断的基础上决定的一个具有计量合理性与理论适切性的结构，并以该结构代表所测量的概念内容。因素分析的前提条件是各变量之间具有相关性，只有相关性较高的变量才适合进行因素分析。如果变量之间正交，它们之间就不存在公因素，做因素分析就没有价值。因此，在进行因素分析之前，需要检验各变量之间的相关性。通常的检验方法有 KMO（Kaiser - Meyer - Olkin）检验和巴特莱特球体检验（bartlett test of sphericity）。

学者 Kaiser[256]（1974）提出，测量题项之间是否适合进行因素分析，可以通过取样适切性量数（KMO）值的大小来进行判断。KMO 统计量是依据变量间净相关系数值而得，当变量间具有关联时，其简单相关会很高，但是变量间的净相关系数会较小，若是两变量间的净相关系数越小（越接近 0），则表示变量间越具有共同因素，在因素分析程序中，若是各变量的净相关系数越大则表示变量间的共同因素越少，题项变量数据文件越不适合进行因素分析。KMO 的统计值通常介于0～1，当KMO值小于0.50时，则表示题项变量间非常不适合进行因素分析；当KMO值介于0.50～0.60时，则表示题项变量间不适合进行因素分析；当KMO值介于0.60～0.70时，则表示题项变量间勉强可进行因素分析；当KMO值介于0.70～0.80时，则表示题项变量间尚可进行因素分析；当KMO值介于0.80～0.90时，则表示题项变量间很适合进行因素分析；当KMO值大于0.90时，则表示题项变量间非常适合进行因素分析。[257]

巴特莱特球体检验（bartlett test of sphericity）主要检验相关矩阵是不是单位矩阵（原假设为相关矩阵为单位阵）。巴特莱特统计值的显著性概率小于或等于α时，拒绝原假设，可以作因子分析，即相关矩阵不是单位阵，可以考虑进行因子分析。[258]在接下来的研究中，我们将通过以上两项统计指标的检验来表明所研究的变量是否适合进行因子分析。

探索性因素分析研究最主要的目的就是通过对各变量做探索性（EF）因素分析，并根据分析结果对题项进行增删、重新归类，然后据此来调整初始调查问卷和概念模型。本书将根据在探索性因素分析中各变量的因素分析结果，如特征值大于1的个数、累计方差贡献百分比超过65%的个数、因子负载值的大小等来对各变量进行探索性研究。

### （一）店铺形象因子分析

本书的概念模型和调查问卷中，店铺形象测量维度中有商品形象、员工服务形象、价格形象、便利形象、氛围形象、商誉形象、促销形象、设施形象、售后形象等9个一阶因子，共计29个测量题项。

在因子分析过程中，如果采用SPSS软件对因子特征值进行默认设置，可以得到如表4－2所示的统计分析结果。

**表4－2　店铺形象一阶因子分析特征值**

| 因子 | 1 | 2 | 3 | 4 | 5 | 6 | 7 | 8 |
|---|---|---|---|---|---|---|---|---|
| 特征值 | 11.929 | 3.411 | 1.671 | 1.589 | 1.283 | 1.221 | 1.046 | 0.900 |

结合前面的假设和前人的研究结论，采用SPSS默认提取因子时的特征值为1的设定。本书中店铺形象的因子设定为7个。其中：KMO＝0.926，Sig＝0.000，因子分析的结果如表4－3所示。

表 4－3 店铺形象探索性因子分析

| 题项 | 因子负载值 | | | | | | | 各因子解释方差（%） | 累计解释方差（%） |
|---|---|---|---|---|---|---|---|---|---|
| | 1 | 2 | 3 | 4 | 5 | 6 | 7 | | |
| Com1 | 0.650 | | | | | | | 34.802 | 34.802 |
| Com2 | 0.698 | | | | | | | | |
| Com3 | 0.672 | | | | | | | | |
| Com4 | 0.683 | | | | | | | | |
| Sta1 | | 0.713 | | | | | | 11.745 | 45.827 |
| Sta2 | | 0.709 | | | | | | | |
| Sta3 | | 0.718 | | | | | | | |
| Sta4 | | 0.706 | | | | | | | |
| Cus1 | | 0.714 | | | | | | | |
| Cus2 | | 0.699 | | | | | | | |
| Pri1 | | | 0.699 | | | | | 5.774 | 51.601 |
| Pri2 | | | 0.683 | | | | | | |
| Pri3 | | | 0.709 | | | | | | |
| Pri4 | | | 0.688 | | | | | | |
| Con1 | | | | 0.632 | | | | 5.541 | 57.142 |
| Con2 | | | | 0.715 | | | | | |
| Con3 | | | | 0.687 | | | | | |
| Con4 | | | | 0.675 | | | | | |
| Atm1 | | | | | 0.660 | | | 4.666 | 61.808 |
| Atm2 | | | | | 0.657 | | | | |
| Fac1 | | | | | 0.678 | | | | |
| Fac2 | | | | | 0.659 | | | | |
| Pro1 | | | | | | 0.706 | | 4.488 | 66.296 |
| Pro2 | | | | | | 0.699 | | | |
| Pro3 | | | | | | 0.716 | | | |
| Pro4 | | | | | | 0.719 | | | |
| Rep1 | | | | | | | 0.701 | 3.989 | 70.285 |
| Rep2 | | | | | | | 0.693 | | |
| Rep3 | | | | | | | 0.715 | | |

从以上店铺形象的探索性因子分析结果可以看出：检验值 KMO 值为0.926 > 0.7，巴特莱特球体检验的显著性概率为 0.000，表明这组变量适合做因子分析。因子分析得到的 7 个因子的累计解释方差为70.285%，能够较好地解释原始变量所包含的信息。

根据变量在 7 个因子上的负载，发现原问卷中的 29 个变量不再归为 9 个一阶因子，而且组合顺序已经发生了较大变化，如原来员工服务形象指标下的 Sta1、Sta2、Sta3、Sta4 四个题项和售后服务形象下的 Cus1、Cus2 两个题项合成了一个因子。实际上，由于员工服务形象和售后服务形象反映的是企业的整体服务情况，所以这个因子可以合并称为服务形象因子。此外，原来氛围形象指标下的 Env1、Env2 两个题项和设施形象下的 Fac1、Fac2 两个题项合成了一个因子。由于氛围形象和设施形象反映的是药店整体的购物环境形象，所以这四个题项组成的因子可以称为环境形象因子。

因此，根据探索性研究的分析，按照的 9 维度测量模型对药店的店铺形象进行测量是不可取的，初始概念模型和问卷均需要作相应的修正，店铺形象的维度应由原来的 9 维度调整为 7 维度。

### （二）感知价值因子分析

对感知价值的三个变量进行因子分析，第一个因子和第二个因子的特征值分别为 2.508 和 0.638，因此采用 SPSS 默认提取因子时的特征值为 1 的设定。感知价值的因子分析结果如表 4 – 4 所示。

**表 4 – 4　感知价值探索性因子分析**

| 题项 | 因子负载值 | KMO | Sig. | 各因子解释方差（%） | 累计解释方差（%） |
|---|---|---|---|---|---|
| | 1 | | | | |
| PV1 | 0.853 | 0.766 | 0.000 | 72.704 | 72.704 |
| PV2 | 0.808 | | | | |
| PV3 | 0.798 | | | | |

检验值 KMO 值为 0.766 > 0.7，巴特莱特球体检验的显著性概率为 0.000，表明这组变量适合做因子分析。因子分析得到的 1 个因子的累计解释方差为72.704%，能够较好地解释原始变量所包含的信息。因此该因子下的三个变量归类不需要调整。

### (三) 顾客满意因子分析

对顾客满意的四个变量进行因子分析，第一个因子和第二个因子的特征值分别为3.235和0.591，所以采用SPSS默认提取因子时的特征值为1的设定。顾客满意的因子分析结果如表4－5所示。

**表4－5　顾客满意探索性因子分析**

| 题项 | 因子负载值 | KMO | Sig. | 各因子解释方差（%） | 累计解释方差（%） |
|---|---|---|---|---|---|
| | 1 | | | | |
| CS1 | 0.750 | 0.854 | 0.000 | 69.694 | 69.694 |
| CS2 | 0.833 | | | | |
| CS3 | 0.825 | | | | |
| CS4 | 0.825 | | | | |

检验值KMO值为0.854＞0.7，巴特莱特球体检验的显著性概率为0.000，表明这组变量适合做因子分析。因子分析得到的1个因子的累计解释方差为69.694%，能够很好地解释原始变量所包含的信息。因此该因子下的四个变量归类不需要调整。

### (四) 品牌信任因子分析

对品牌信任的10个变量进行因子分析，特征值如表4－6所示。

**表4－6　品牌信任一阶因子分析的特征值**

| 因子 | 1 | 2 | 3 |
|---|---|---|---|
| 特征值 | 5.915 | 1.134 | 0.608 |

结合前面的假设和前人的研究结论，本书品牌信任的因子设定为2个。其因子分析的结果如表4－7所示。

**表 4-7　品牌信任探索性因子分析**

| 题项 | 因子负载值 1 | 因子负载值 2 | KMO | Sig. | 各因子解释方差（%） | 累计解释方差（%） |
|---|---|---|---|---|---|---|
| BR1 | 0.436 | | 0.926 | 0.000 | 40.947 | 40.947 |
| BR2 | 0.768 | | | | | |
| BR3 | 0.732 | | | | | |
| BR4 | 0.699 | | | | | |
| BR5 | 0.608 | | | | | |
| BI1 | | 0.712 | | | 31.337 | 72.284 |
| BI2 | | 0.728 | | | | |
| BI3 | | 0.802 | | | | |
| BI4 | | 0.786 | | | | |
| BI5 | | 0.428 | | | | |

对品牌信任的剩余 8 个变量进行因子分析，特征值如表 4-8 所示。

**表 4-8　修正后品牌信任一阶因子分析的特征值**

| 因子 | 1 | 2 | 3 |
|---|---|---|---|
| 特征值 | 5.836 | 1.676 | 0.566 |

检验值 KMO 值为 0.920 >0.7，巴特莱特球体检验的显著性概率为 0.000，表明这组变量适合做因子分析。因子分析得到的 2 个因子的累计解释方差为 72.284%，能够较好地解释原始变量所包含的信息。根据学者 Stevens（1992）建议，在进行因素分析时，因素数目考虑和挑选的标准是，选取特征值大于 1 的因素，题项因素负荷量值最好在 0.7 以上，如果受试样本数大于 250 位，则因素负荷量值应在 0.6 以上，较为宽松的标准为因素负荷量值为 0.5 以上，若低于 0.45 则可以考虑删除。[258] 因子 BR1 的因子负荷量值为 0.436、BI5 的因子负荷量值为 0.428，均低于 0.6，也小于 0.45 的最低标准。因此，为提高正式研究样本问卷的有效性，本研究将 BR1 和 BI5 两个测量题项删除。

结合前面的假设和前人的研究结论，本书中品牌信任的因子仍然设定为 2 个。其因子分析的结果如表 4－9 所示。

**表 4－9　修正后品牌信任探索性因子分析**

<table>
<tr><th rowspan="2">题项</th><th colspan="2">因子负载值</th><th rowspan="2">KMO</th><th rowspan="2">Sig.</th><th rowspan="2">各因子解释方差（%）</th><th rowspan="2">累计解释方差（%）</th></tr>
<tr><th>1</th><th>2</th></tr>
<tr><td>BR2</td><td>0. 8416</td><td></td><td rowspan="8">0. 926</td><td rowspan="8">0. 000</td><td rowspan="4">42. 128</td><td rowspan="4">42. 128</td></tr>
<tr><td>BR3</td><td>0. 617</td><td></td></tr>
<tr><td>BR4</td><td>0. 620</td><td></td></tr>
<tr><td>BR5</td><td>0. 615</td><td></td></tr>
<tr><td>BI1</td><td></td><td>0. 709</td><td rowspan="4">32. 436</td><td rowspan="4">74. 564</td></tr>
<tr><td>BI2</td><td></td><td>0. 737</td></tr>
<tr><td>BI3</td><td></td><td>0. 810</td></tr>
<tr><td>BI4</td><td></td><td>0. 798</td></tr>
</table>

检验值 KMO 值为 0. 926 >0. 7，巴特莱特球体检验的显著性概率为 0. 000，表明这组变量适合做因子分析。因子分析得到的 2 个因子的累计解释方差为 74. 564%，能够更好地解释原始变量所包含的信息。各因子的负荷值也都大于 0. 6。因此，该因子下的 8 个变量归类不再需要调整。

### （五）品牌忠诚因子分析

对品牌忠诚的 4 个变量进行因子分析，第一个因子和第二个因子的特征值分别为 2. 253 和 0. 795，所以采用 SPSS 默认提取因子时的特征值为 1 的设定。品牌忠诚的因子分析结果如表 4－10 所示。

**表 4－10　品牌忠诚探索性因子分析**

<table>
<tr><th rowspan="2">题项</th><th>因子负载值</th><th rowspan="2">KMO</th><th rowspan="2">Sig.</th><th rowspan="2">各因子解释方差（%）</th><th rowspan="2">累计解释方差（%）</th></tr>
<tr><th>1</th></tr>
<tr><td>BL1</td><td>0. 688</td><td rowspan="4">0. 715</td><td rowspan="4">0. 000</td><td rowspan="4">68. 316</td><td rowspan="4">68. 316</td></tr>
<tr><td>BL2</td><td>0. 811</td></tr>
<tr><td>BL3</td><td>0. 785</td></tr>
<tr><td>BL4</td><td>0. 711</td></tr>
</table>

检验值 KMO 值为 0.715 >0.7，巴特莱特球体检验的显著性概率为 0.000，表明这组变量适合做因子分析。因子分析得到的 1 个因子的累计解释方差为 68.316%，能够很好地解释原始变量所包含的信息。因此该因子下的 4 个变量归类不需要调整。

## 三、信度与效度检验

样本数据的信度一般是指被测数据的稳定性和一致性，它是数据分析的一个重要指标。李克特量表中常用的内部一致性信度检验方法为 α（Cronbach α）信度系数，α 系数值介于 0 ~1，α 系数值越大，代表其内部一致性越高，显示衡量变量内各指标之间的相关程度越大，受访者对于考察变量内的测量指标反映的一致性程度越高。本书采用学者吴明隆（2010）的衡量标准，即一份信度系数好的量表，其总量表的 α 信度系数最好在 0.80 以上，如果为 0.70 ~0.80，也算是可以接受的范围；如果是分量表，其 α 信度系数最好为 0.70 以上，如果为 0.60 ~0.70，也可以接受使用。如果分量表的 α 系数为 0.60 以下或总量表 α 系数在 0.80 以下，应考虑重新修订量表或增删题项。

本书问卷总量表的 α 信度系数为 0.936，各一阶因子分量表的 α 信度系数检验结果如表 4 -11 所示。

**表 4 -11 探索性研究样本信度检验结果**

| 二阶因子名称 | 一阶因子名称 | Cronbach α 值 |
|---|---|---|
| 店铺形象 | Com | 0.806 |
| | Ser | 0.769 |
| | Pri | 0.828 |
| | Con | 0.646 |
| | Env | 0.717 |
| | Pro | 0.847 |
| | Rep | 0.870 |
| 感知价值和顾客满意 | PV | 0.801 |
| | CS | 0.862 |

续表

| 二阶因子名称 | 一阶因子名称 | Cronbach α 值 |
|---|---|---|
| 品牌信任 | BR | 0.828 |
| | BI | 0.854 |
| 品牌忠诚 | BL | 0.735 |

从表4－11的检验结果可知，本书涉及的各操作性变量的α信度系数均能满足上述标准。因此，初始问卷的信度较好。

在效度上，本书的问卷设计，主要依据国内外关于店铺形象、感知价值、顾客满意、品牌信任、品牌忠诚等已经被广泛使用而且比较成熟的量表，并进行初步的小样本测试以确认问卷内容的可行性，才正式发放探索性研究的问卷，进行因子分析。因此问卷的内容效度具有很高的可验性。另外，对于所有测量指标而言，各测量指标因子负载值多在0.6以上，标准化的因子负载值在理论上的最低临界值为0.50，因此问卷又充分显示了较好的结构效度。

## 四、调查问卷修正

根据以上探索性研究的因子分析结果，初始问卷中只有店铺形象维度下的29个变量需要删减，并重新组合为7个因子，其余部分保持不变。

通过对初始问卷中店铺形象下的29个变量进行重新分析，并结合店铺形象探索性因子分析的结果，对新的7个一阶因子名称及其相应的变量做如下调整（见表4－12）：

**表4－12 问卷中店铺形象因子名称及变量顺序修改**

| 新的指标名称 | 新变量编号 | 原变量编号 |
|---|---|---|
| 商品形象 | Com1 | Com4 |
| | Com2 | Com2 |
| | Com3 | Com1 |
| | Com4 | Com3 |

续表

| 新的指标名称 | 新变量编号 | 原变量编号 |
|---|---|---|
| 服务形象 | Ser1 | Sta1 |
| | Ser2 | Sta2 |
| | Ser3 | Sta3 |
| | Ser4 | Sta4 |
| | Ser5 | Cus1 |
| | Ser6 | Cus2 |
| 价格形象 | Pri1 | Pri1 |
| | Pri2 | Pri3 |
| | Pri3 | Pri2 |
| | Pri4 | Pri4 |
| 便利形象 | Con1 | Con3 |
| | Con2 | Con2 |
| | Con3 | Con1 |
| | Con4 | Con4 |
| 环境形象 | Env1 | Atm1 |
| | Env2 | Fac2 |
| | Env3 | Fac1 |
| | Env4 | Atm2 |
| 促销形象 | Pro1 | Pro3 |
| | Pro2 | Pro2 |
| | Pro3 | Pro1 |
| | Pro4 | Pro4 |
| 商誉形象 | Rep1 | Rep1 |
| | Rep2 | Rep3 |
| | Rep3 | Rep2 |

同时，也对探索性研究问卷中的其他题项，如样本特征调查的题项等进行了调整。尤其是针对品牌信任和品牌忠诚的变量题项进行了调整，使其语意更易理解，提高问卷的信度。修改后的正式研究调查问卷详见附录 2。

# 五、模型与假设修正

根据以上探索性研究的分析结果，本书将对初设模型中的店铺形象测评模型进行修正，并调整相关假设。

## （一）研究模型修正

根据店铺形象的因子分析结果，对药品零售业的店铺形象测评模型进行修正，具体如图 4 –6 所示。

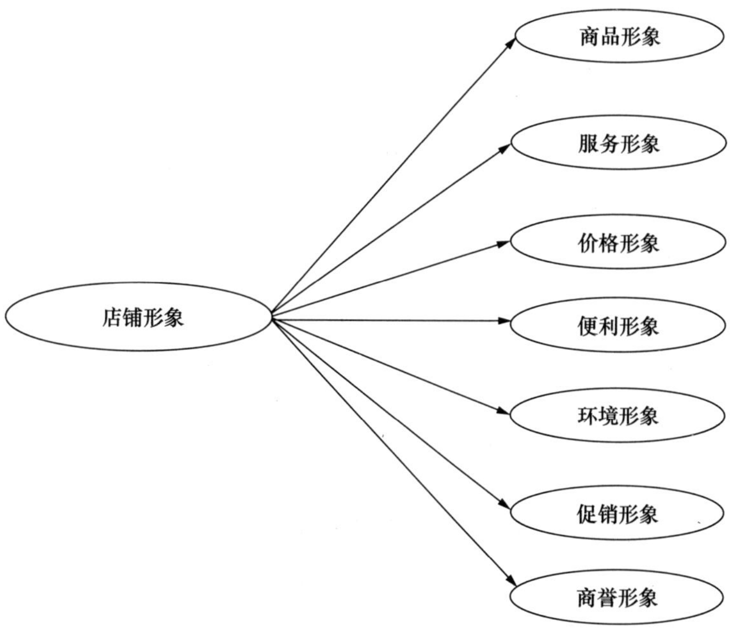


图 4 –6　店铺形象修正后测量维度

## （二）研究假设修正

借鉴已有研究，结合修改后的店铺形象测评模型，对原有的研究假设修正如

图4－7至图4－13所示。

**H1：药品零售业的店铺形象对其品牌忠诚具有直接的正向影响**

H1a：药品零售业的商品形象对其品牌忠诚具有直接的正向影响

H1b：药品零售业的服务形象对其品牌忠诚具有直接的正向影响

H1c：药品零售业的价格形象对其品牌忠诚具有直接的正向影响

H1d：药品零售业的便利形象对其品牌忠诚具有直接的正向影响

H1e：药品零售业的环境形象对其品牌忠诚具有直接的正向影响

H1f：药品零售业的促销形象对其品牌忠诚具有直接的正向影响

H1g：药品零售业的商誉形象对其品牌忠诚具有直接的正向影响

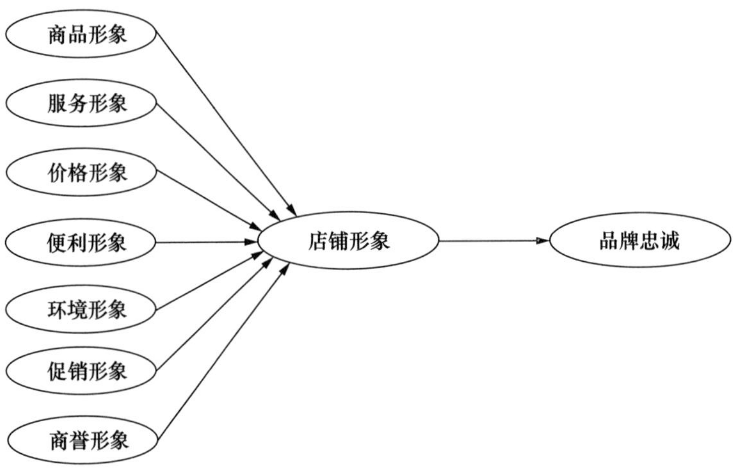


**图4－7　店铺形象对品牌忠诚的影响**

**H2：药品零售业的店铺形象对其感知价值具有直接的正向影响**

H2a：药品零售业的商品形象对其感知价值具有直接的正向影响

H2b：药品零售业的服务形象对其感知价值具有直接的正向影响

H2c：药品零售业的价格形象对其感知价值具有直接的正向影响

H2d：药品零售业的便利形象对其感知价值具有直接的正向影响

H2e：药品零售业的环境形象对其感知价值具有直接的正向影响

H2f：药品零售业的促销形象对其感知价值具有直接的正向影响

H2g：药品零售业的商誉形象对其感知价值具有直接的正向影响

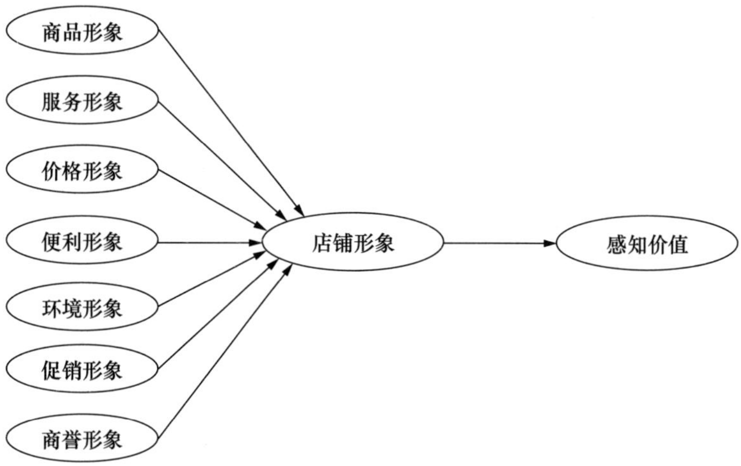


图 4-8 店铺形象对感知价值的影响

**H3：药品零售业的店铺形象对其顾客满意具有直接的正向影响**

H3a：药品零售业的商品形象对其顾客满意具有直接的正向影响

H3b：药品零售业的服务形象对其顾客满意具有直接的正向影响

H3c：药品零售业的价格形象对其顾客满意具有直接的正向影响

H3d：药品零售业的便利形象对其顾客满意具有直接的正向影响

H3e：药品零售业的环境形象对其顾客满意具有直接的正向影响

H3f：药品零售业的促销形象对其顾客满意具有直接的正向影响

H3g：药品零售业的商誉形象对其顾客满意具有直接的正向影响

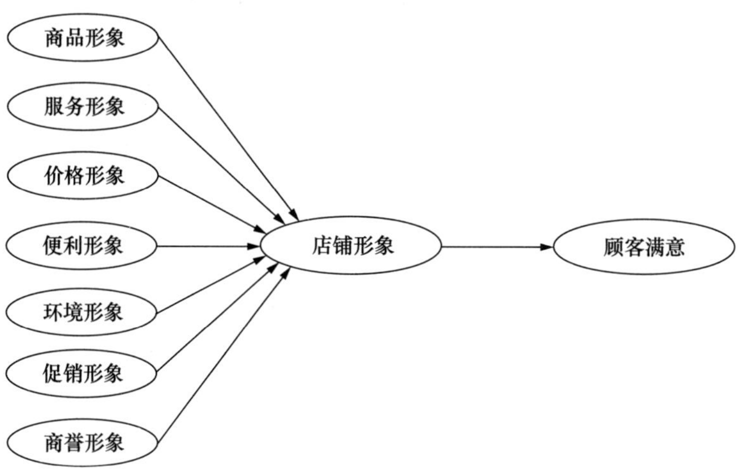


图 4-9 店铺形象对顾客满意的影响

**H4**：药品零售业的感知价值对其品牌可靠性具有直接的正向影响

**H5**：药品零售业的感知价值对其品牌意图具有直接的正向影响

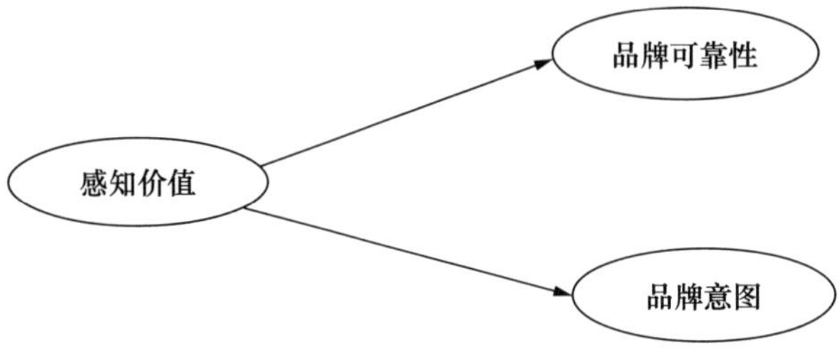


图 4 – 10　感知价值对品牌信任的影响

**H6**：药品零售业的顾客满意对其品牌可靠性具有直接的正向影响

**H7**：药品零售业的顾客满意对其品牌意图具有直接的正向影响

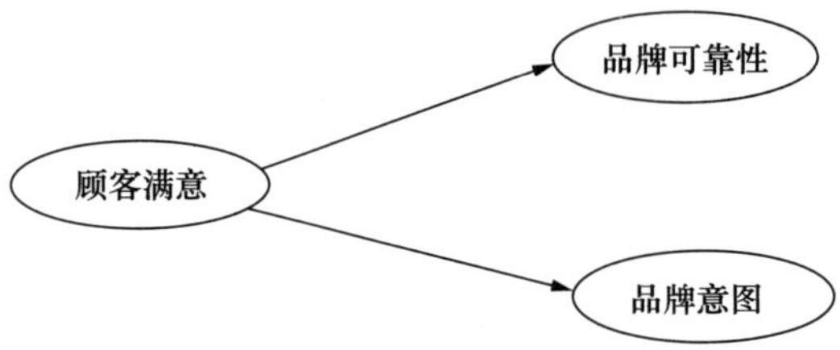


图 4 – 11　顾客满意对品牌信任的影响

**H8**：药品零售业的品牌可靠性对其品牌忠诚具有直接的正向影响

**H9**：药品零售业的品牌意图对其品牌忠诚具有直接的正向影响

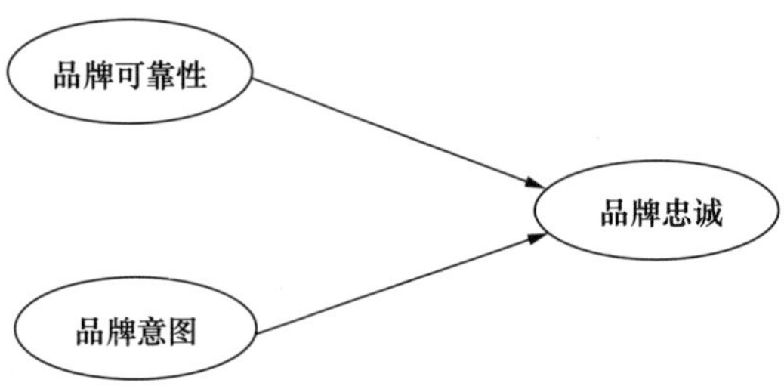


图 4 – 12　品牌信任对品牌忠诚的影响

**H10：药品零售业的感知价值对其顾客满意具有直接的正向影响**

**图 4 – 13　感知价值对顾客满意的影响**

## 六、本章小结

为了提高本书所设计的初始问卷的效度与信度，本章在正式调研之前对问卷进行了前测（pretest）分析。通过探索性因素分析发现：对店铺形象的测评问卷中的 29 个变量不再归为 9 个一阶因子，且组合顺序已经发生了较大变化，如原来售后形象指标下的 2 个题项和员工服务形象指标下的 4 个题项合成了一个因子，设施形象指标下的 2 个题项和氛围形象指标下的 2 个题项合成了一个因子。故按照传统的店铺形象的 9 维度测量模型对药品零售行业的店铺形象进行测量可能是不可取的；由于 BR1 和 BI5 的因子载荷值较低，为了提高测量题项的有效性，将 BR1 和 BI5 两个题项删除，因此，对品牌信任测评问卷中的 10 个变量调整为 8 个变量。感知价值、顾客满意、品牌忠诚等因子所对应的变量均能较好地解释其自身，故不需调整其测评问卷。本章采用 Cronbach α 系数对各一阶因子进行信度检验，具体结果显示：本章的各操作性变量的 α 系数均满足有关标准。

依据前测分析的结果，将店铺形象的测评维度调整为商品形象、服务形象、价格形象、便利形象、环境形象、促销形象和商誉形象共 7 个维度。据此，本章对问卷和研究假设进行了调整。

# 第五章　数据分析

在本章我们将就正式调研的样本数据进行描述性统计分析、验证性因子分析，在此基础之上，对概念模型进行检验与修正，并进一步证明假设的真伪。

本书的正式研究数据采集采用抽样调查的方式取得，共发放 1600 份问卷，回收 1393 份，回收率约为 87%，有效问卷 1036 份，有效率约为 74.3%。本次调研样本采集范围集中在药品零售销售额比较大的四川、重庆、云南、贵州、上海、广东、湖北、北京、辽宁、陕西等省市。抽样调查的样本具体地域分布情况如表 5 –1 所示。

**表 5 –1　正式研究调查样本地域分布情况**

| 地域分布 | 发放问卷（份） | 回收问卷（份） | 问卷回收率（%） | 有效问卷（份） |
|---|---|---|---|---|
| 四川 | 400 | 389 | 97 | 306 |
| 重庆 | 400 | 364 | 91 | 284 |
| 云南 | 100 | 80 | 80 | 64 |
| 贵州 | 100 | 80 | 80 | 62 |
| 上海 | 100 | 80 | 80 | 53 |
| 广东 | 100 | 80 | 80 | 58 |
| 湖北 | 100 | 80 | 80 | 56 |
| 北京 | 100 | 80 | 80 | 52 |
| 辽宁 | 100 | 80 | 80 | 51 |
| 陕西 | 100 | 80 | 80 | 50 |
| 合计 | 1600 | 1393 | 87 | 1036 |

# 一、描述分析

根据正式研究样本的性别、年龄、学历、收入等维度对样本进行描述性统计分析。在性别方面：男性475份，占45.8%；女性561份，占54.2%，具体分布如图5－1所示。

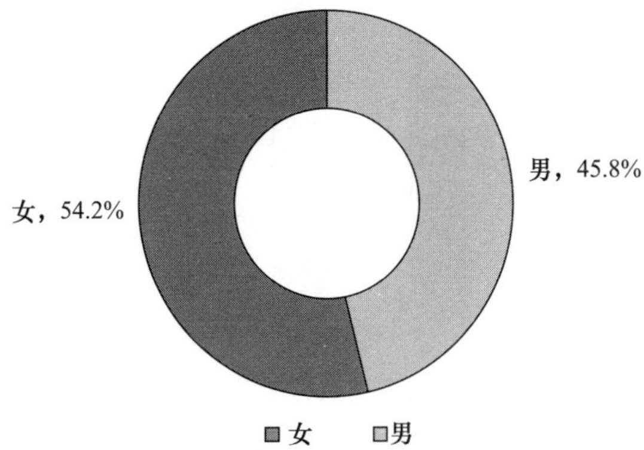


图5－1　正式研究样本性别比例情况

在正式的研究问卷中，样本年龄段共分为七级，从回收的有效问卷来看，样本年龄分布不均，样本群体的年龄分布主要集中在41～50岁、51～60岁和61～70岁三个年龄段，其比例分别为19.4%、21.5%和20.9%。具体情况如图5－2所示。

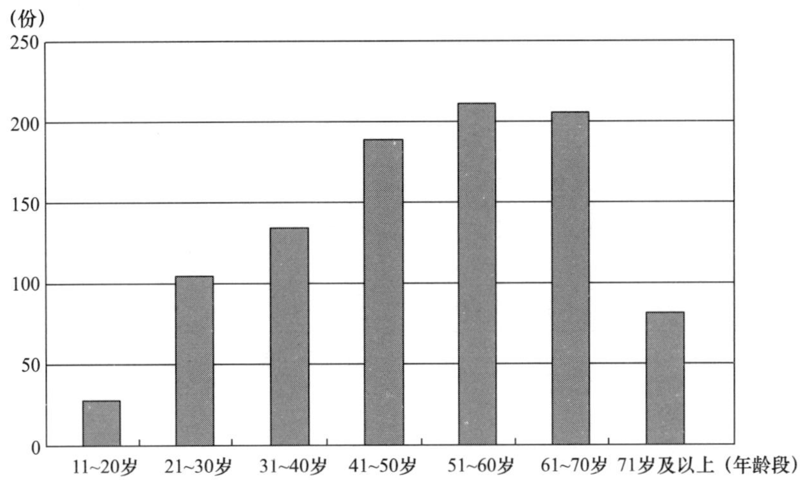


图5－2　正式研究样本年龄分布情况

在正式的研究问卷中，样本受教育程度共分为六级，从回收的有效问卷来看，样本受教育程度不均，样本群体的受教育程度主要集中在中专、大专和本科三个层次，其比例分别为21.3%、23.1%和25.2%。具体情况如图5-3所示。

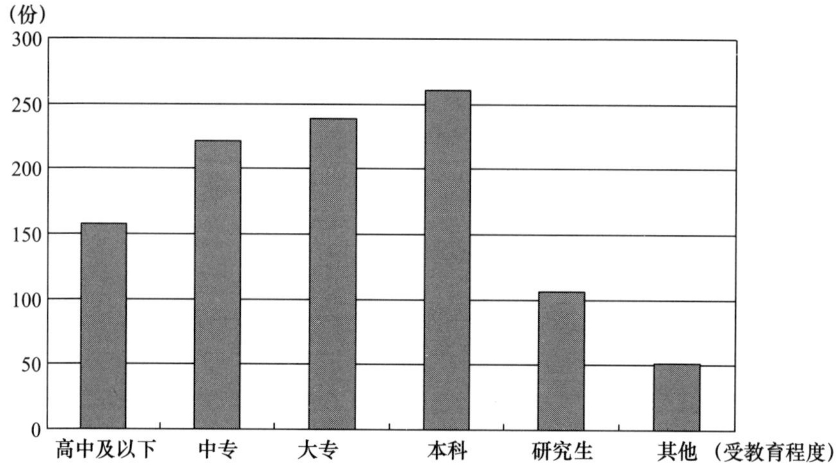


**图5-3　正式研究样本受教育程度**

在正式的研究问卷中，样本月收入情况共分为八级，从回收的有效问卷来看，样本月收入情况不均，样本群体的月收入情况主要集中在2001～3000元、3001～4000元和4001～5000元三个层次，其比例分别为18.5%、22.8%和19.5%。具体情况如图5-4所示。

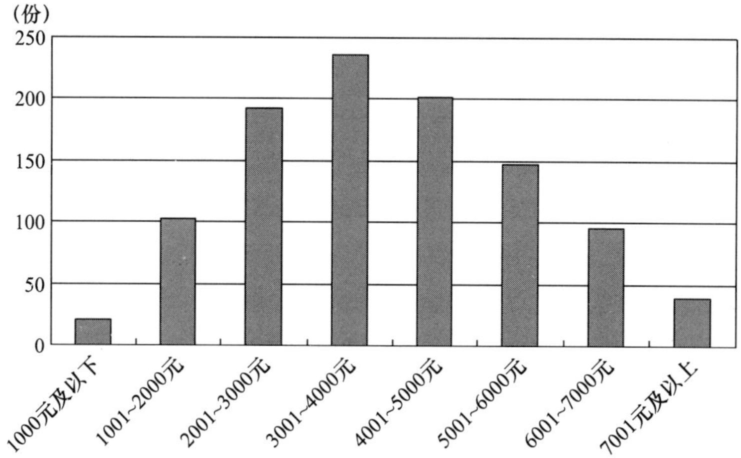


**图5-4　正式研究样本月收入情况**

在正式的研究问卷中，样本工作单位情况共分为六级，从回收的有效问卷来看，样本工作单位情况不均，样本群体的工作单位情况主要集中在民营企业、事业单位和国有企业三个层次，其比例分别为36%、19%和14%。具体情况如图5－5所示。

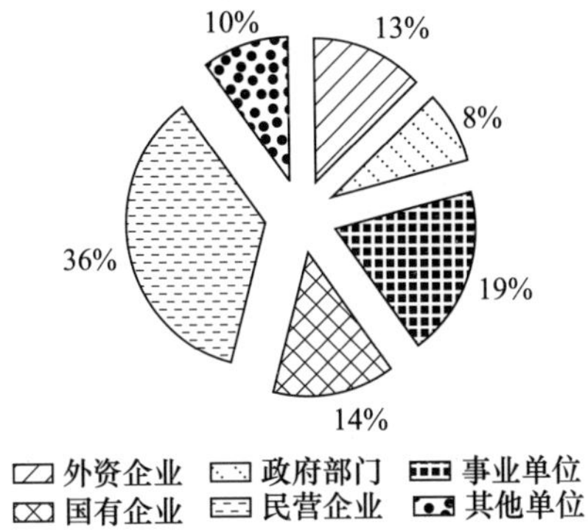


**图5－5 正式研究样本工作单位情况**

## 二、分布检验

表5－2是本章正式研究样本数据的正态分布检验结果。

**表5－2 正式研究样本数据正态分布检验**

| 二阶因子 | 一阶因子 | 题项 | 均值 | Std. D | 偏度 | 峰度 |
|---|---|---|---|---|---|---|
| SI | Com | Com1 | 4.91 | 1.141 | －0.482 | 0.488 |
| | | Com2 | 4.90 | 1.117 | －0.114 | 0.008 |
| | | Com3 | 5.02 | 1.185 | －0.548 | 0.249 |
| | | Com4 | 4.97 | 1.096 | －0.258 | 0.209 |
| | Ser | Ser1 | 4.67 | 1.151 | －0.169 | －0.119 |
| | | Ser2 | 4.66 | 1.178 | －0.269 | －0.118 |
| | | Ser3 | 4.44 | 1.160 | －0.143 | 0.297 |
| | | Ser4 | 4.62 | 1.204 | －0.548 | 0.449 |
| | | Ser5 | 3.33 | 1.635 | 0.101 | －0.818 |
| | | Ser6 | 3.81 | 1.400 | －0.356 | －0.132 |

续表

| 二阶因子 | 一阶因子 | 题项 | 均值 | Std. D | 偏度 | 峰度 |
|---|---|---|---|---|---|---|
| SI | Pri | Pri1 | 4.47 | 1.121 | -0.296 | 0.234 |
| | | Pri2 | 4.48 | 1.121 | -0.421 | 0.516 |
| | | Pri3 | 4.64 | 1.150 | -0.603 | 0.495 |
| | | Pri4 | 4.50 | 1.134 | -0.267 | 0.301 |
| | Con | Con1 | 5.04 | 1.355 | -0.643 | 0.273 |
| | | Con2 | 5.16 | 1.204 | -0.502 | 0.407 |
| | | Con3 | 4.74 | 1.248 | -0.396 | 0.335 |
| | | Con4 | 4.93 | 1.229 | -0.388 | 0.136 |
| | Env | Env1 | 5.08 | 1.104 | -0.386 | -0.032 |
| | | Env2 | 5.06 | 1.115 | -0.589 | 0.362 |
| | | Env3 | 4.87 | 1.213 | -0.581 | 0.496 |
| | | Env4 | 5.00 | 1.177 | -0.641 | 0.816 |
| | Rep | Rep1 | 4.92 | 1.197 | -0.495 | 0.721 |
| | | Rep2 | 4.97 | 1.072 | -0.364 | 0.740 |
| | | Rep3 | 4.94 | 1.143 | -0.468 | 0.813 |
| | Pro | Pro1 | 4.37 | 1.164 | -0.238 | 0.325 |
| | | Pro2 | 4.17 | 1.247 | -0.279 | 0.427 |
| | | Pro3 | 4.27 | 1.239 | -0.205 | 0.358 |
| | | Pro4 | 4.32 | 1.246 | -0.211 | 0.437 |
| | PV | PV1 | 4.58 | 1.209 | -0.430 | 0.499 |
| | | PV2 | 4.96 | 1.045 | -0.545 | 1.235 |
| | | PV3 | 4.56 | 1.069 | 0.019 | 0.325 |
| | CS | CS1 | 4.77 | 1.043 | -0.403 | 0.171 |
| | | CS2 | 4.69 | 1.066 | -0.454 | 0.488 |
| | | CS3 | 4.81 | 1.050 | -0.440 | 0.702 |
| | | CS4 | 4.64 | 1.145 | -0.440 | 0.397 |
| BT | BR | BR1 | 4.87 | 1.026 | -0.282 | 0.555 |
| | | BR2 | 4.86 | 0.977 | -0.053 | -0.302 |
| | | BR3 | 4.67 | 1.061 | -0.057 | 0.037 |
| | | BR4 | 4.90 | 0.984 | 0.015 | -0.205 |
| | BI | BI1 | 4.55 | 1.095 | -0.014 | -0.028 |
| | | BI2 | 4.57 | 1.069 | -0.225 | 0.601 |
| | | BI3 | 4.60 | 1.166 | -0.221 | 0.217 |
| | | BI4 | 4.35 | 1.183 | -0.292 | 0.674 |

续表

| 二阶因子 | 一阶因子 | 题项 | 均值 | Std. D | 偏度 | 峰度 |
|---|---|---|---|---|---|---|
| BT | BL | BL1 | 4. 89 | 1. 140 | -0. 690 | 1. 078 |
| | | BL2 | 4. 52 | 1. 183 | -0. 239 | 0. 544 |
| | | BL3 | 4. 42 | 1. 186 | -0. 531 | 0. 647 |
| | | BL4 | 4. 34 | 1. 342 | -0. 494 | 0. 144 |

根据第三章中有关正态分布检验的论述，当运用偏度（skewness）和峰度（kurtosis）系数来进行正态分布检验时，其参考指标是：偏度绝对值小于或等于2；峰度的绝对值小于或等于5。由表5-2可知，BL因子下的第1个题项的偏度绝对值最大，是0.69；PV因子下的第2个题项的峰度绝对值最大，是1.235，但均在参考标准范围以内，因此可以认为，本书的正式样本满足正态分布要求，可以进行结构方程建模与分析。

## 三、CF分析

根据研究目的的不同，因素分析包括探索性因素分析（exploratory factor analysis，EFA）和验证性因素分析（confirmatory factor analysis，CFA）。探索性因素分析和验证性因素分析最大的不同就在于测量理论架构在分析过程中所扮演的角色与验证时机。就探索性因素分析而言，测量变量的理论架构是因素分析后的产物，是研究者依据某种统计原理和理论基础，从一组独立的测量指标或题目间，抽取和确定能代表所要测量概念内容的过程。对验证性因素分析而言，测量变量的理论架构发生在验证性因素分析之前，其研究者先有某一特定的理论观点或概念架构，然后借由一定的数学统计分析工具来确认与评估该理论观点或概念架构是否适当、合理，其是对研究者既已提出的某种特定的结构关系假设的检验与确认。

在本书中，将使用内容效度检验、内部一致性检验、单一性分析、聚合效度和区分效度检验来对研究变量进行验证性因素分析。此外，由于问卷题项均来源于在国内外已经被广泛使用的已有文献，能较好反映相应问题，因此具有较好的内容效度。为此，本书仅对正式研究样本数据进行其他几种检验。验证性因子分析检验的评价指标及参考值如表 5 –3 所示。

**表 5 –3　验证性因子分析检验内容及评价指标**

| 检验目的 | 检验内容 | 评价指标 | 判断标准 | 标准来源 |
|---|---|---|---|---|
| 单一性 | 绝对拟合程度 | $\chi^2/df$ | <3 | Carmines 和 McIver（1981）[240]、吴明隆（2009）[235] |
| | | GFI | >0.90 | Hu 和 Bentler[242]（1999） |
| | | AGFI | >0.90 | |
| | | RMSEA | <0.08 | McDonald 和 Ho（2002）[243] |
| | 相对拟合程度 | NFI | >0.90 | 温忠麟等（2004）[259]、林嵩（2008）[233] |
| | | RFI | >0.90 | |
| | | IFI | >0.90 | |
| | | TLI | >0.90 | |
| | | CFI | >0.90 | |
| 内部一致性 | Cronbach α | α | ≥0.70 | Nunnally（1978）[247]、DeVellis（1991）[248] |
| | 建构信度 | $\rho_c$ | ≥0.60 | Bagozzi 和 Yi（1988）[239]、吴明隆（2009）[235] |
| | 平均方差抽取 | $\rho_v$ | ≥0.50 | |
| 指标聚合度 | 聚合效度 | r、$\sqrt{\rho_v}$ | 平均方差抽取的平方根大于各维度间相关系数的个数，占整体比较个数的 1/2 以上，才算具备区分效度 | Fornell 和 Larcker（1981）[253]、Joreskog（1993）[254] |
| 潜变量区分度 | 区分效度 | | | |

### （一）店铺形象分析

根据前面的分析思路，运用 Amos 软件分析店铺形象一阶、二阶测量模型，输出模型及相关结果，并在此基础之上比较选择模型。

1. 一阶模型分析

利用 Amos 软件分析店铺形象一阶测量模型，并输出模型及相关结果，如图 5 –6 所示。

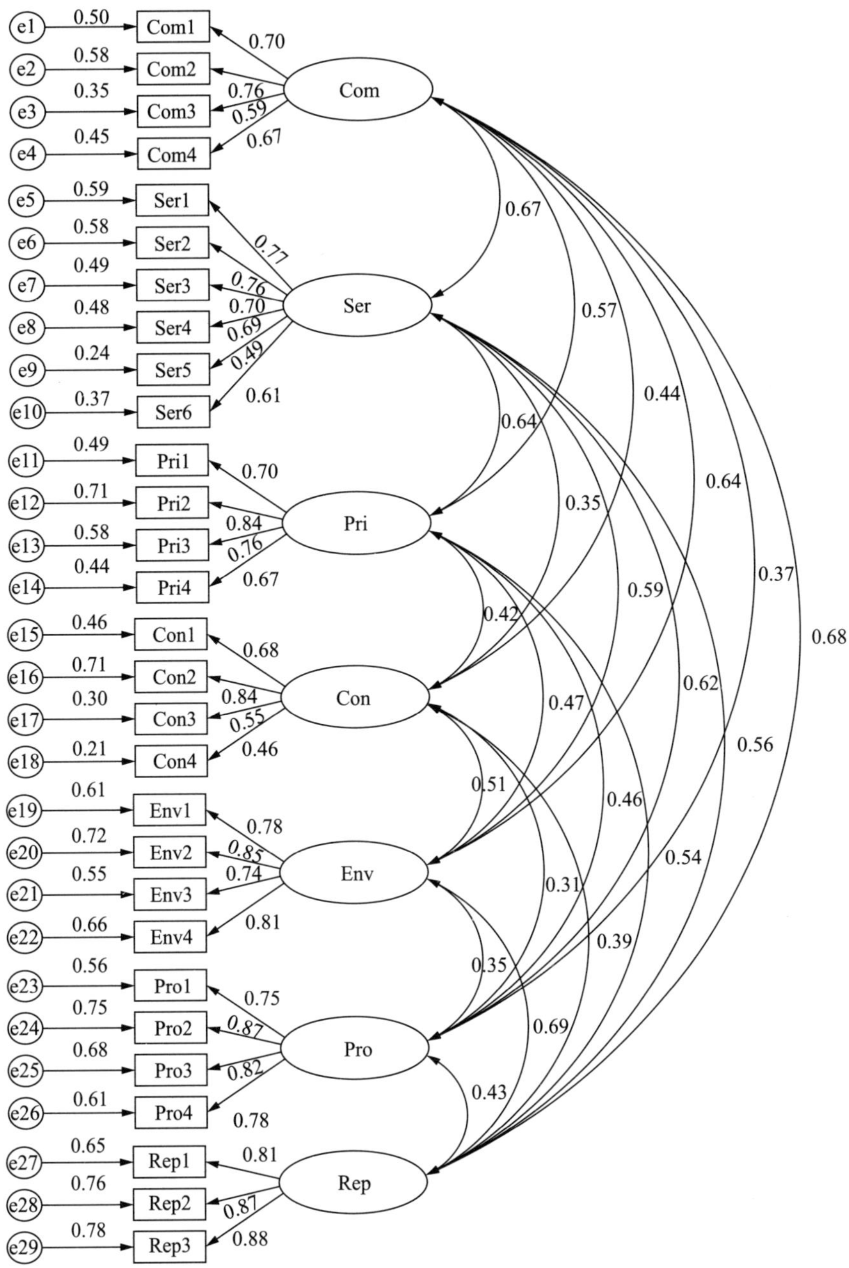


图 5-6　店铺形象一阶测量模型及其输出结果

（1）单一性分析。

由图 5-6 可知，所有题项指标对其相应的一阶因子均有较强的正相关关系。

其中，标准化回归系数最小的是一阶因子 Con（便利形象）下的第 4 个题项（Con4），其值为 0.46，其他绝大多数因子的标准化回归系数都大于 0.6；另外，各因子之间的相关系数也通过了显著性检验，相关系数最小的是 Con（便利形象）和促销形象（Pro），其值为 0.31。

系统输出的单一性分析的拟合程度指标如表 5-4 所示。

**表 5-4　店铺形象一阶测量模型单一性分析拟合程度指标**

| 拟合指标 | $\chi^2/df$ | GFI | AGFI | RMSEA | NFI | RFI | IFI | TFI | CFI |
|---|---|---|---|---|---|---|---|---|---|
| 指标值 | 2.703 | 0.916 | 0.908 | 0.063 | 0.912 | 0.920 | 0.921 | 0.916 | 0.924 |

由表 5-4 可知，店铺形象一阶测量模型的所有单一性分析的拟合指标均达到了满意的标准。

（2）内部一致性检验。

对店铺形象一阶测量模型的因子进行内部一致性检验，其评价指标是 Cronbach α 值、建构信度 $\rho_c$ 和平均方差抽取估计 $\rho_v$。系统输出的内部一致性检验的结果如表 5-5 所示。

**表 5-5　店铺形象一阶测量模型内部一致性检验结果**

| 测量变量 | 量表条目 | 标准化负荷（λ） | 负荷标准误（S. E.） | 负荷 t 值（C. R.） | $R^2$ | 测量误差（ε） | 各构面 α、$\rho_c$、$\rho_v$、$\sqrt{\rho_v}$ |
|---|---|---|---|---|---|---|---|
| 商品形象 | Com1 | 0.71 | — | — | 0.51 | 0.49 | α = 0.774 |
| | Com2 | 0.76 | 0.091 | 12.824 | 0.58 | 0.42 | $\rho_c$ = 0.7783 |
| | Com3 | 0.60 | 0.092 | 10.687 | 0.36 | 0.64 | $\rho_v$ = 0.4693 |
| | Com4 | 0.66 | 0.091 | 12.221 | 0.44 | 0.56 | $\sqrt{\rho_v}$ = 0.6851 |
| 服务形象 | Ser1 | 0.77 | — | — | 0.59 | 0.41 | |
| | Ser2 | 0.76 | 0.076 | 14.226 | 0.58 | 0.42 | α = 0.823 |
| | Ser3 | 0.70 | 0.074 | 13.2 | 0.49 | 0.51 | $\rho_c$ = 0.8336 |
| | Ser4 | 0.69 | 0.074 | 14.322 | 0.48 | 0.52 | $\rho_v$ = 0.4598 |
| | Ser5 | 0.49 | 0.102 | 9.457 | 0.24 | 0.76 | $\sqrt{\rho_v}$ = 0.6781 |
| | Ser6 | 0.61 | 0.088 | 11.55 | 0.37 | 0.67 | |

续表

| 测量变量 | 量表条目 | 标准化负荷（λ） | 负荷标准误（S. E.） | 负荷 t 值（C. R.） | $R^2$ | 测量误差（ε） | 各构面 α、$\rho_c$、$\rho_v$、$\sqrt{\rho_v}$ |
|---|---|---|---|---|---|---|---|
| 价格形象 | Pri1 | 0.70 | — | — | 0.49 | 0.51 | α = 0.829 |
| | Pri2 | 0.84 | 0.088 | 14.313 | 0.71 | 0.29 | $\rho_c$ = 0.8323 |
| | Pri3 | 0.76 | 0.087 | 13.344 | 0.58 | 0.42 | $\rho_v$ = 0.5555 |
| | Pri4 | 0.67 | 0.083 | 12.488 | 0.44 | 0.56 | $\sqrt{\rho_v}$ = 0.7453 |
| 便利形象 | Con1 | 0.68 | — | — | 0.46 | 0.54 | α = 0.702 |
| | Con2 | 0.84 | 0.21 | 8.597 | 0.71 | 0.29 | $\rho_c$ = 0.7341 |
| | Con3 | 0.55 | 0.162 | 7.513 | 0.30 | 0.70 | $\rho_v$ = 0.4205 |
| | Con4 | 0.46 | 0.197 | 8.266 | 0.21 | 0.79 | $\sqrt{\rho_v}$ = 0.6485 |
| 环境形象 | Env1 | 0.78 | — | — | 0.61 | 0.39 | α = 0.871 |
| | Env2 | 0.85 | 0.05 | 19.655 | 0.72 | 0.28 | $\rho_c$ = 0.8734 |
| | Env3 | 0.74 | 0.056 | 16.574 | 0.55 | 0.45 | $\rho_v$ = 0.6337 |
| | Env4 | 0.81 | 0.051 | 17.789 | 0.66 | 0.34 | $\sqrt{\rho_v}$ = 0.7961 |
| 促销形象 | Pro1 | 0.75 | — | — | 0.56 | 0.44 | α = 0.880 |
| | Pro2 | 0.87 | 0.059 | 18.94 | 0.75 | 0.25 | $\rho_c$ = 0.8811 |
| | Pro3 | 0.82 | 0.059 | 17.971 | 0.68 | 0.32 | $\rho_v$ = 0.6501 |
| | Pro4 | 0.78 | 0.056 | 16.123 | 0.61 | 0.39 | $\sqrt{\rho_v}$ = 0.8063 |
| 商誉形象 | Rep1 | 0.81 | — | — | 0.66 | 0.34 | α = 0.888<br>$\rho_c$ = 0.8897 |
| | Rep2 | 0.87 | 0.04 | 23.406 | 0.76 | 0.24 | $\rho_v$ = 0.7291 |
| | Rep3 | 0.88 | 0.046 | 20.959 | 0.78 | 0.22 | $\sqrt{\rho_v}$ = 0.8539 |

从表 5－5 中可知，正式研究样本所有一阶因子的 Cronbach α 值均大于参考最低标准值 0.70，其中，以商誉形象的最高，达 0.888，便利形象的最低，为 0.702。并且系统输出该总量表的内部一致性 α 系数为 0.932，也远远超过参考标准。

根据如下计算公式，计算建构信度 $\rho_c$ 和平均方差抽取估计 $\rho_v$。

$$\rho_c = \frac{(\sum \lambda_i)^2}{(\sum \lambda_i)^2 + \sum \varepsilon_i} \tag{5-1}$$

$$\rho_v = \frac{\sum \lambda_i^2}{\sum \lambda_i^2 + \sum \varepsilon_i} \quad (5-2)$$

其中，$\lambda_i$ 是第 i 个观测变量的标准化负荷系数，$\varepsilon_i$ 是第 i 个观测变量的测量误差。

计算结果如表 5－5 所示。从表中可知，除个别变量方差抽取估计稍低于标准值外，其他变量建构信度指标均达到满意标准。

（3）聚合效度与区分效度。

将各因子方差抽取估计的平方根$\sqrt{\rho_v}$与因子间相关系数 r 输入表 5－6 进行比较，其中因子方差抽取估计的平方根$\sqrt{\rho_v}$位于对角线位置，相关系数 r 位于矩阵左下角部分。

**表 5－6　店铺形象一阶测量模型相关系数与$\sqrt{\rho_v}$比较**

| | Com | Ser | Pri | Con | Env | Pro | Rep |
|---|---|---|---|---|---|---|---|
| Com | 0.69 | | | | | | |
| Ser | 0.67 | 0.68 | | | | | |
| Pri | 0.58 | 0.64 | 0.75 | | | | |
| Con | 0.44 | 0.35 | 0.42 | 0.65 | | | |
| Env | 0.64 | 0.59 | 0.47 | 0.51 | 0.80 | | |
| Pro | 0.36 | 0.62 | 0.54 | 0.31 | 0.35 | 0.81 | |
| Rep | 0.69 | 0.56 | 0.46 | 0.39 | 0.69 | 0.43 | 0.85 |

从表 5－6 中可以看出，平均方差抽取的平方根$\sqrt{\rho_v}$大于各因子间相关系数的个数，占整体比较个数的 1/2 以上。因此，可以认为，本测量模型的因子内各题项指标间的聚合效度以及各因子之间的区分效度符合要求。

2. 二阶模型分析

利用 Amos 软件分析店铺形象二阶测量模型，并输出模型及相关结果，如图 5－7 所示。

（1）单一性分析。

从图 5－7 中可知店铺形象二阶因子与一阶因子均有较强的正相关关系。其中，标准化回归系数最小的是二阶因子下的一阶因子便利形象（Con），其值为

0.53。并且，所有回归系数的负荷 t 检验值均大于 1.96，均能通过检验。系统输出的单一性分析的拟合程度指标如表 5-7 所示。

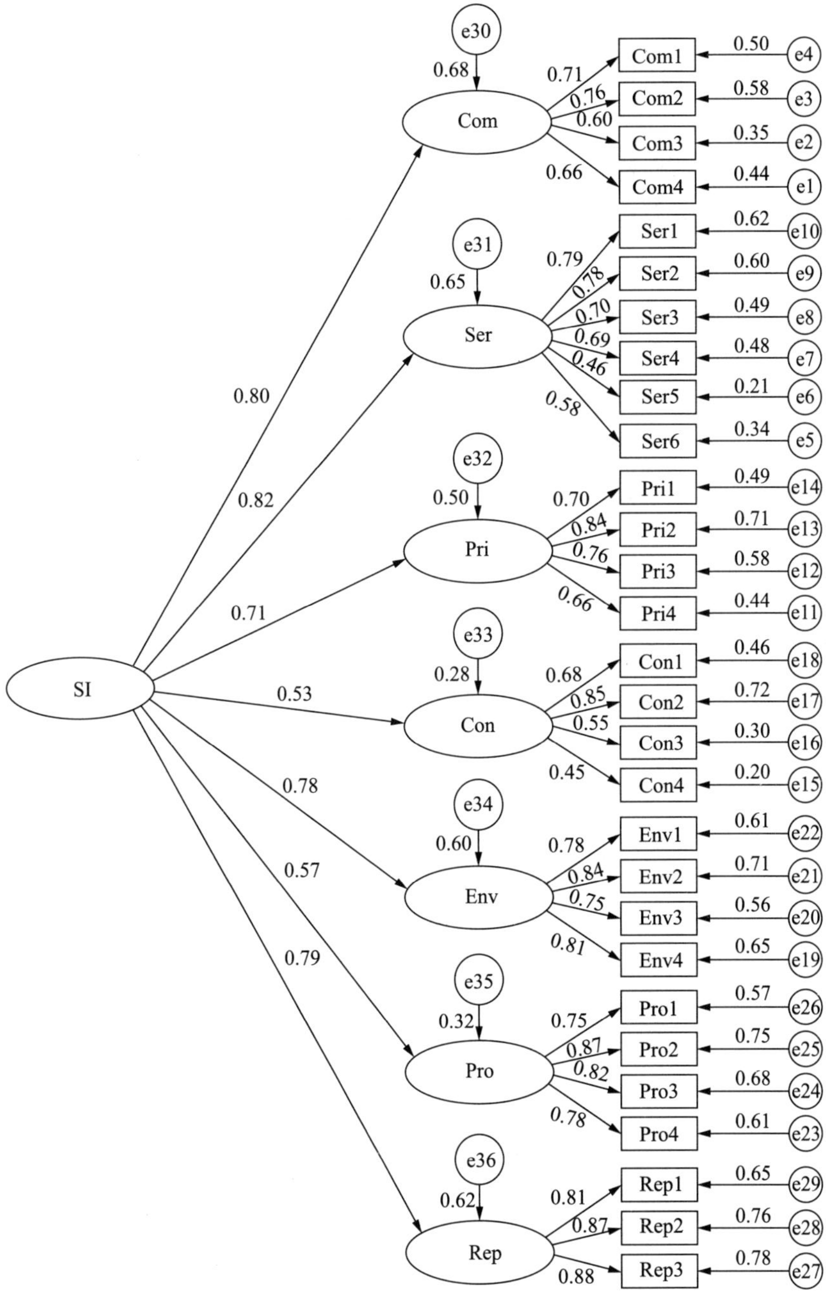

图 5-7 店铺形象二阶测量模型及其输出结果

**表 5－7　店铺形象二阶测量模型单一性分析拟合程度指标**

| 拟合指标 | $\chi^2/df$ | GFI | AGFI | RMSEA | NFI | RFI | IFI | TFI | CFI |
|---|---|---|---|---|---|---|---|---|---|
| 指标值 | 2.529 | 0.927 | 0.913 | 0.053 | 0.922 | 0.926 | 0.929 | 0.918 | 0.928 |

由表 5－7 可知，店铺形象二阶测量模型的所有单一性分析的拟合指标均达到了满意的标准。

（2）内部一致性检验。

对店铺形象二阶测量模型的因子进行内部一致性检验，其检验的结果如表 5－8所示。

**表 5－8　店铺形象二阶测量模型内部一致性检验结果**

| 测量变量 | 量表条目 | 标准化负荷（λ） | 负荷标准误（S. E.） | 负荷 t 值（C. R.） | $R^2$ | 测量误差（ε） | 各构面 α、$\rho_c$、$\rho_v$、$\sqrt{\rho_v}$ |
|---|---|---|---|---|---|---|---|
| 商品形象 | Com1 | 0.71 | — | — | 0.51 | 0.49 | $\alpha=0.774$ |
| | Com2 | 0.76 | 0.076 | 13.624 | 0.58 | 0.42 | $\rho_c=0.7806$ |
| | Com3 | 0.61 | 0.079 | 11.219 | 0.37 | 0.63 | $\rho_v=0.4724$ |
| | Com4 | 0.66 | 0.073 | 12.13 | 0.44 | 0.56 | $\sqrt{\rho_v}=0.6873$ |
| 服务形象 | Ser1 | 0.79 | — | — | 0.62 | 0.38 | |
| | Ser2 | 0.78 | 0.076 | 14.571 | 0.60 | 0.40 | $\alpha=0.823$ |
| | Ser3 | 0.70 | 0.075 | 14.718 | 0.49 | 0.51 | $\rho_c=0.8310$ |
| | Ser4 | 0.69 | 0.078 | 13.113 | 0.48 | 0.52 | $\rho_v=0.4578$ |
| | Ser5 | 0.46 | 0.104 | 8.799 | 0.21 | 0.79 | $\sqrt{\rho_v}=0.6766$ |
| | Ser6 | 0.58 | 0.09 | 11.123 | 0.34 | 0.66 | |
| 价格形象 | Pri1 | 0.70 | — | — | 0.49 | 0.51 | $\alpha=0.829$ |
| | Pri2 | 0.84 | 0.08 | 15.113 | 0.71 | 0.29 | $\rho_c=0.8303$ |
| | Pri3 | 0.76 | 0.079 | 14.067 | 0.58 | 0.42 | $\rho_v=0.5522$ |
| | Pri4 | 0.66 | 0.077 | 12.384 | 0.44 | 0.56 | $\sqrt{\rho_v}=0.7431$ |
| 便利形象 | Con1 | 0.68 | — | — | 0.46 | 0.54 | $\alpha=0.702$ |
| | Con2 | 0.85 | 0.093 | 12.009 | 0.72 | 0.28 | $\rho_c=0.7348$ |
| | Con3 | 0.55 | 0.077 | 9.75 | 0.30 | 0.70 | $\rho_v=0.4225$ |
| | Con4 | 0.45 | 0.074 | 8.102 | 0.20 | 0.80 | $\sqrt{\rho_v}=0.6500$ |
| 环境形象 | Env1 | 0.78 | — | — | 0.61 | 0.39 | $\alpha=0.871$ |
| | Env2 | 0.84 | 0.059 | 18.426 | 0.71 | 0.29 | $\rho_c=0.8732$ |
| | Env3 | 0.75 | 0.065 | 16.061 | 0.56 | 0.44 | $\rho_v=0.6333$ |
| | Env4 | 0.81 | 0.063 | 17.596 | 0.65 | 0.35 | $\sqrt{\rho_v}=0.7958$ |

续表

| 测量变量 | 量表条目 | 标准化负荷（λ） | 负荷标准误（S. E. ） | 负荷 t 值（C. R. ） | $R^2$ | 测量误差（ε） | 各构面 α、$\rho_c$、$\rho_v$、$\sqrt{\rho_v}$ |
|---|---|---|---|---|---|---|---|
| 促销形象 | Pro1 | 0. 75 | — | — | 0. 57 | 0. 43 | $\alpha=0.880$<br>$\rho_c=0.8811$<br>$\rho_v=0.6501$<br>$\sqrt{\rho_v}=0.8063$ |
| | Pro2 | 0. 87 | 0. 069 | 17. 942 | 0. 75 | 0. 25 | |
| | Pro3 | 0. 82 | 0. 068 | 17. 14 | 0. 68 | 0. 32 | |
| | Pro4 | 0. 78 | 0. 068 | 16. 199 | 0. 61 | 0. 39 | |
| 商誉形象 | Rep1 | 0. 81 | — | — | 0. 65 | 0. 35 | $\alpha=0.888$<br>$\rho_c=0.8897$<br>$\rho_v=0.7291$<br>$\sqrt{\rho_v}=0.8539$ |
| | Rep2 | 0. 87 | 0. 047 | 20. 584 | 0. 76 | 0. 24 | |
| | Rep3 | 0. 88 | 0. 05 | 20. 857 | 0. 78 | 0. 22 | |

从表 5 －8 中可知，正式研究样本所有一阶因子的 Cronbach α 值均大于参考最低标准值 0. 70，并且系统输出该总量表的内部一致性 α 系数为 0. 932，也远远超过参考标准。通过公式（5 －1）和公式（5 －2）计算所得建构信度指标、方差抽取估计值，除个别变量方差抽取估计稍低于标准值外，其他变量的各项指标均达到满意标准，并且条目的标准化负荷系数大多大于 0. 6，说明量表具备较好的收敛效度。

（3）聚合效度与区分效度。

将各因子方差抽取估计的平方根 $\sqrt{\rho_v}$ 与因子间相关系数 r 输入表 5 －9 进行比较，其中因子方差抽取估计的平方根 $\sqrt{\rho_v}$ 位于对角线位置，相关系数 r 位于矩阵左下角部分。

**表 5 －9　店铺形象二阶测量模型相关系数与 $\sqrt{\rho_v}$ 比较**

| | Com | Ser | Pri | Con | Env | Pro | Rep |
|---|---|---|---|---|---|---|---|
| Com | 0. 69 | | | | | | |
| Ser | 0. 66 | 0. 68 | | | | | |
| Pri | 0. 58 | 0. 57 | 0. 74 | | | | |
| Con | 0. 48 | 0. 43 | 0. 38 | 0. 65 | | | |
| Env | 0. 64 | 0. 62 | 0. 55 | 0. 41 | 0. 80 | | |
| Pro | 0. 47 | 0. 45 | 0. 40 | 0. 30 | 0. 44 | 0. 81 | |
| Rep | 0. 65 | 0. 64 | 0. 56 | 0. 42 | 0. 61 | 0. 45 | 0. 85 |

从表5－9中可以看出，平均方差抽取的平方根$\sqrt{\rho_v}$大于各因子间相关系数的个数，占整体比较个数的1/2以上。因此，可以认为，本测量模型的因子内各题项指标间的聚合效度以及各因子之间的区分效度符合要求。

3. 模型比较选择

学者吴明隆（2009）[235]、邱皓政和林碧芳（2009）[255]均指出，在全模型的构建与计算中，应该选择更简约的模型。因此，对于店铺形象测量模型则需要从一阶和二阶测量模型中进行选择。在模型比较选择决策时，可以通过计算T系数来决策。[260]T系数的计算公式如下：

$$T=\frac{\chi^2/df\text{（比较模型）}}{\chi^2/df\text{（基准模型）}} \tag{5-3}$$

本书把店铺形象一阶测量模型作为基准模型，把二阶测量模型作为比较模型。经计算，该测量模型T系数的结果为0.94，该数值接近1，表明两个模型的解释度相当，但二阶测量模型稍优于一阶测量模型。另外，对一阶和二阶测量模型的拟合指标进行比较（见表5－10），发现二阶测量模型的各指标均稍优于一阶测量模型。因此，本书采用店铺形象二阶因子测量模型进行全模型的构建。

**表5－10　店铺形象一阶与二阶测量模型拟合程度指标比较**

| 拟合指标 | $\chi^2/df$ | GFI | AGFI | RMSEA | NFI | RFI | IFI | TFI | CFI |
|---|---|---|---|---|---|---|---|---|---|
| 一阶模型 | 2.703 | 0.916 | 0.908 | 0.063 | 0.912 | 0.920 | 0.921 | 0.916 | 0.924 |
| 二阶模型 | 2.529 | 0.927 | 0.913 | 0.053 | 0.922 | 0.926 | 0.929 | 0.918 | 0.928 |

## （二）感知价值分析

利用Amos软件分析感知价值测量模型，并输出模型及相关结果，如图5－8所示。

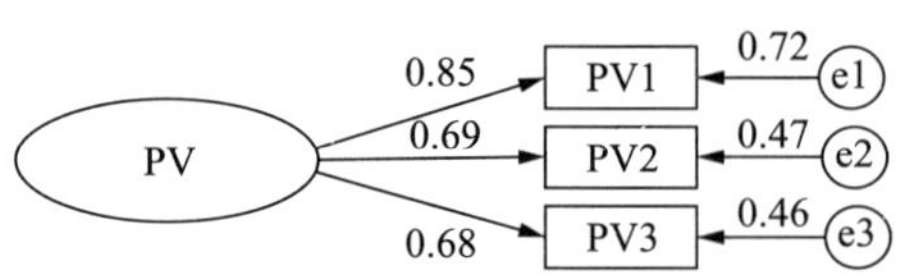


**图5－8　感知价值测量模型及其输出结果**

1. 单一性分析

从图 5－8 中可知，所有题项指标对顾客价值这个一阶因子均有较强的正相关关系。其中，标准化回归系数最小的是第 3 个题项（PV3），其值为 0.68。系统输出的单一性分析的拟合程度指标如表 5－11 所示。

表 5－11 感知价值测量模型单一性分析拟合程度指标

| 拟合指标 | $\chi^2$/df | GFI | AGFI | RMSEA | NFI | RFI | IFI | TFI | CFI |
|---|---|---|---|---|---|---|---|---|---|
| 指标值 | 1.1 | 0.99 | 0.97 | 0.062 | 0.983 | 0.914 | 0.986 | 0.931 | 0.986 |

由表 5－11 可知，感知价值测量模型的所有单一性分析的拟合指标均达到了满意的标准。

2. 内部一致性检验

对感知价值测量模型的量表进行内部一致性检验，其检验的结果如表 5－12 所示。

表 5－12 感知价值测量模型内部一致性检验结果

| 测量变量 | 量表条目 | 标准化负荷（λ） | 负荷标准误（S.E.） | 负荷 t 值（C.R.） | $R^2$ | 测量误差（ε） | 各构面 α、$\rho_c$、$\rho_v$、$\sqrt{\rho_v}$ |
|---|---|---|---|---|---|---|---|
| 感知价值 | PV1 | 0.85 | — | — | 0.72 | 0.28 | α＝0.779<br>$\rho_c$＝0.7864<br>$\rho_v$＝0.5537<br>$\sqrt{\rho_v}$＝0.7441 |
| | PV2 | 0.69 | 0.061 | 11.446 | 0.47 | 0.53 | |
| | PV3 | 0.68 | 0.062 | 11.381 | 0.46 | 0.54 | |

从表 5－12 中可知，正式研究样本中感知价值量表的 Cronbach α 值为 0.779，大于参考最低标准值 0.70。通过公式（5－1）和公式（5－2）计算所得建构信度指标、方差抽取估计都达到标准，并且条目的标准化负荷系数都大于 0.6，说明量表具备较好的收敛效度。

**（三）顾客满意分析**

利用 Amos 软件分析顾客满意测量模型，并输出模型及相关结果，如图 5－9 所示。

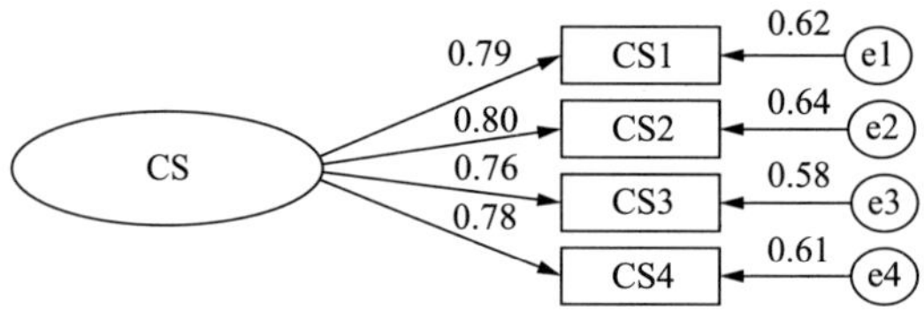


**图 5－9　顾客满意测量模型及其输出结果**

1. 单一性分析

从图 5－9 中可知，所有题项指标对顾客满意这个一阶因子均有较强的正相关关系。其中，标准化回归系数最小的是第 3 个题项（CS3），其值为 0.76。系统输出的单一性分析的拟合程度指标如表 5－13 所示。

**表 5－13　顾客满意测量模型单一性分析拟合程度指标**

| 拟合指标 | $\chi^2$/df | GFI | AGFI | RMSEA | NFI | RFI | IFI | TFI | CFI |
|---|---|---|---|---|---|---|---|---|---|
| 指标值 | 1.3 | 0.985 | 0.927 | 0.058 | 0.985 | 0.954 | 0.987 | 0.961 | 0.987 |

由表 5－13 可知，顾客满意测量模型的所有单一性分析的拟合指标均达到了满意的标准。

2. 内部一致性检验

对顾客满意测量模型的量表进行内部一致性检验，其检验的结果如表 5－14 所示。

**表 5－14　顾客满意测量模型内部一致性检验结果**

| 测量变量 | 量表条目 | 标准化负荷（λ） | 负荷标准误（S. E.） | 负荷 t 值（C. R.） | $R^2$ | 测量误差（ε） | 各构面 α、$\rho_c$、$\rho_v$、$\sqrt{\rho_v}$ |
|---|---|---|---|---|---|---|---|
| 顾客满意 | CS1 | 0.79 | — | — | 0.62 | 0.32 | α＝0.862 |
| | CS2 | 0.80 | 0.063 | 16.607 | 0.64 | 0.36 | $\rho_c$＝0.8634 |
| | CS3 | 0.76 | 0.062 | 15.760 | 0.58 | 0.42 | $\rho_v$＝0.6125 |
| | CS4 | 0.78 | 0.067 | 16.143 | 0.61 | 0.39 | $\sqrt{\rho_v}$＝0.7826 |

从表5－13中可知，正式研究样本中顾客满意量表的Cronbach α值为0.862，大于参考最低标准值0.70。通过公式（5－1）和公式（5－2）计算所得的建构信度指标、方差抽取估计都达到标准，并且所有条目的标准化负荷系数都大于0.6，说明量表具备较好的收敛效度。

### （四）品牌信任分析

利用Amos软件分析品牌信任一阶、二阶测量模型，输出模型及相关结果，并在此基础之上比较选择模型。

1. 一阶模型分析

利用Amos软件分析品牌信任一阶测量模型，输出模型及相关结果，如图5－10所示。

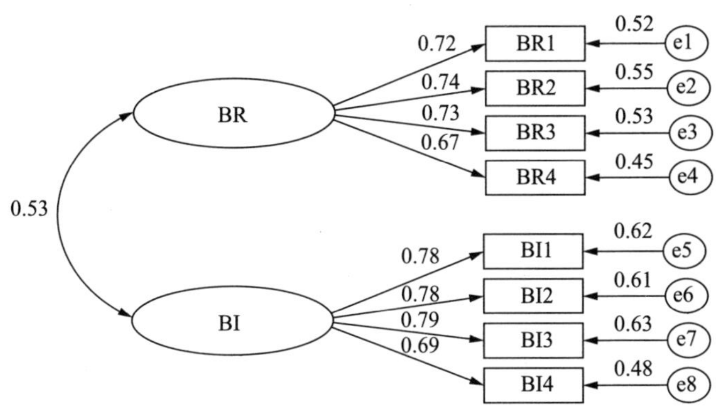


**图5－10 品牌信任一阶测量模型及其输出结果**

（1）单一性分析。

从图5－10中可知，所有题项指标对其相应的一阶因子均有较强的正相关关系。其中，所有因子的标准化回归系数都大于0.6，而标准化回归系数最小的是一阶因子BR（品牌可靠性）下的第4个题项（BR4），其值为0.67；此外，各因子之间的相关系数也通过了显著性检验，BR（品牌可靠性）与BI（品牌意图）的相关系数为0.53。系统输出的单一性分析的拟合程度指标如表5－15所示。

表 5－15　品牌信任一阶测量模型单一性分析拟合程度指标

| 拟合指标 | $\chi^2/df$ | GFI | AGFI | RMSEA | NFI | RFI | IFI | TFI | CFI |
|---|---|---|---|---|---|---|---|---|---|
| 指标值 | 2.465 | 0.974 | 0.951 | 0.058 | 0.970 | 0.956 | 0.982 | 0.973 | 0.982 |

（2）内部一致性检验。

对品牌信任一阶测量模型的量表进行内部一致性检验，其检验的结果如表5－16所示。

表 5－16　品牌信任一阶测量模型内部一致性检验结果

| 测量变量 | 量表条目 | 标准化负荷（λ） | 负荷标准误（S. E.） | 负荷 t 值（C. R.） | $R^2$ | 测量误差（ε） | 各构面 α、$\rho_c$、$\rho_v$、$\sqrt{\rho_v}$ |
|---|---|---|---|---|---|---|---|
| 品牌可靠性 | BR1 | 0.72 | — | — | 0.52 | 0.48 | α＝0.807 |
| | BR2 | 0.74 | 0.07 | 13.859 | 0.55 | 0.45 | $\rho_c$＝0.8073 |
| | BR3 | 0.73 | 0.076 | 13.676 | 0.53 | 0.47 | $\rho_v$＝0.512 |
| | BR4 | 0.67 | 0.07 | 12.745 | 0.45 | 0.55 | $\sqrt{\rho_v}$＝0.7155 |
| 品牌意图 | BI1 | 0.78 | — | — | 0.62 | 0.38 | α＝0.846 |
| | BI2 | 0.78 | 0.059 | 16.596 | 0.61 | 0.39 | $\rho_c$＝0.8459 |
| | BI3 | 0.79 | 0.064 | 16.788 | 0.63 | 0.37 | $\rho_v$＝0.5793 |
| | BI4 | 0.69 | 0.066 | 14.418 | 0.48 | 0.52 | $\sqrt{\rho_v}$＝0.7611 |

从表5－16中可知，正式研究样本中一阶因子的Cronbach α 值均大于参考最低标准值0.70，并且系统输出该总量表的内部一致性 α 系数为0.8667，也远远超过参考标准。通过公式（5－1）和公式（5－2）计算所得建构信度指标、方差抽取估计，所有条目的标准化负荷系数都大于0.6，说明量表具备较好的收敛效度。

（3）聚合效度与区分效度。

将各因子方差抽取估计的平方根$\sqrt{\rho_v}$与因子间相关系数 r 输入表5－17进行比较，其中因子方差抽取估计的平方根$\sqrt{\rho_v}$位于对角线位置，相关系数 r 位于矩阵左下角部分。

表 5－17　品牌信任一阶测量模型相关系数与$\sqrt{\rho_v}$比较

| | BR | BI |
|---|---|---|
| BR | 0.72 | |
| BI | 0.63 | 0.76 |

从表 5－17 中可以看出，平均方差抽取的平方根$\sqrt{\rho_v}$大于各因子间相关系数的个数，占整体比较个数的 1/2 以上。因此，可以认为，本测量模型的因子内各题项指标间的聚合效度以及各因子之间的区分效度符合要求。

2. 二阶模型分析

利用 Amos 软件分析品牌信任二阶测量模型，并输出模型及相关结果，如图 5－11 所示。

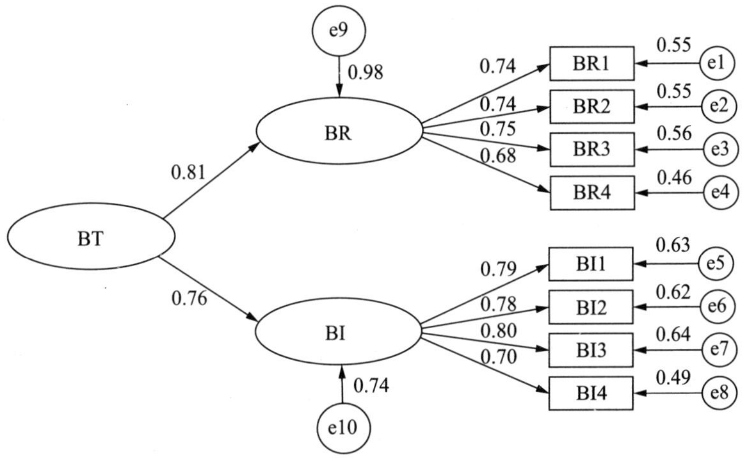


**图 5－11　品牌信任二阶测量模型及其输出结果**

（1）单一性分析。

从图 5－11 中可知，品牌信任二阶因子与一阶因子均有较强的正相关关系。其中，标准回归系数最小的是二阶因子下的一阶因子 BI（品牌意图），其值为 0. 76。并且，所有回归系数的负荷 t 检验值均大于 1. 96，均能通过检验。系统输出的单一性分析的拟合程度指标如表 5－18 所示。

**表 5－18　品牌信任二阶测量模型单一性分析拟合程度指标**

| 拟合指标 | $\chi^2/df$ | GFI | AGFI | RMSEA | NFI | RFI | IFI | TFI | CFI |
|---|---|---|---|---|---|---|---|---|---|
| 指标值 | 2. 652 | 0. 968 | 0. 943 | 0. 062 | 0. 961 | 0. 948 | 0. 971 | 0. 963 | 0. 969 |

由表 5－18 可知，品牌信任二阶测量模型的所有单一性分析的拟合指标均达到了满意的标准。

（2）内部一致性检验。

对品牌信任二阶测量模型的因子进行内部一致性检验，其检验的结果如表5－19所示。

**表5－19　品牌信任二阶测量模型内部一致性检验结果**

| 测量变量 | 量表条目 | 标准化负荷（λ） | 负荷标准误（S. E.） | 负荷t值（C. R.） | $R^2$ | 测量误差（ε） | 各构面α、$\rho_c$、$\rho_v$、$\sqrt{\rho_v}$ |
|---|---|---|---|---|---|---|---|
| 品牌可靠性 | BR1 | 0.72 | — | — | 0.52 | 0.48 | α＝0.807<br>$\rho_c$＝0.8073<br>$\rho_v$＝0.512<br>$\sqrt{\rho_v}$＝0.7155 |
| | BR2 | 0.74 | 0.07 | 13.859 | 0.55 | 0.45 | |
| | BR3 | 0.73 | 0.076 | 13.676 | 0.53 | 0.47 | |
| | BR4 | 0.67 | 0.07 | 12.745 | 0.45 | 0.55 | |
| 品牌意图 | BI1 | 0.78 | — | — | 0.62 | 0.38 | α＝0.846<br>$\rho_c$＝0.8459<br>$\rho_v$＝0.5793<br>$\sqrt{\rho_v}$＝0.7611 |
| | BI2 | 0.78 | 0.059 | 16.596 | 0.61 | 0.39 | |
| | BI3 | 0.79 | 0.064 | 16.788 | 0.63 | 0.37 | |
| | BI4 | 0.69 | 0.066 | 14.418 | 0.48 | 0.52 | |

从表5－19中可知，正式研究样本所有一阶因子的Cronbach α值均大于参考最低标准值0.70，并且系统输出该总量表的内部一致性α系数为0.8904，也远远超过参考标准。通过公式（5－1）和公式（5－2）计算所得的建构信度指标、方差抽取估计都达到标准。并且条目的标准化负荷系数都大于0.6，说明量表具备较好的收敛效度。

（3）聚合效度与区分效度。

将各因子方差抽取估计的平方根$\sqrt{\rho_v}$与因子间相关系数r输入表5－20进行比较，其中因子方差抽取估计的平方根$\sqrt{\rho_v}$位于对角线位置，相关系数r位于矩阵左下角部分。

从表5－20中可以看出，平均方差抽取的平方根$\sqrt{\rho_v}$大于各因子间相关系数的个数，占整体比较个数的1/2以上。因此，可以认为，本测量模型的因子内各题项指标间的聚合效度以及各因子之间的区分效度符合要求。

**表5－20　品牌信任二阶测量模型相关系数与$\sqrt{\rho_v}$比较**

| | BR | BI |
|---|---|---|
| BR | 0.72 | |
| BI | 0.63 | 0.76 |

3. 模型比较选择

本书中将品牌信任一阶测量模型作为基准模型，把二阶测量模型作为比较模型。通过计算，该测量模型的 T 系数的结果为 1.08，该数值接近 1，表明两个模型的解释度相当，但二阶测量模型略劣于二阶测量模型。另外，比较一阶和二阶测量模型的各项拟合指标（见表 5－21），发现一阶测量模型的各指标均优于二阶测量模型。因此，本书采用品牌信任一阶测量模型进行全模型的构建。

**表 5－21 品牌信任一阶与二阶测量模型拟合程度指标比较**

| 拟合指标 | $\chi^2$/df | GFI | AGFI | RMSEA | NFI | RFI | IFI | TFI | CFI |
|---|---|---|---|---|---|---|---|---|---|
| 一阶模型 | 2.465 | 0.974 | 0.951 | 0.058 | 0.970 | 0.956 | 0.982 | 0.973 | 0.982 |
| 二阶模型 | 2.652 | 0.968 | 0.943 | 0.062 | 0.961 | 0.948 | 0.971 | 0.963 | 0.969 |

## （五）品牌忠诚分析

利用 Amos 软件分析品牌忠诚测量模型，并输出模型及相关结果，如图 5－12 所示。

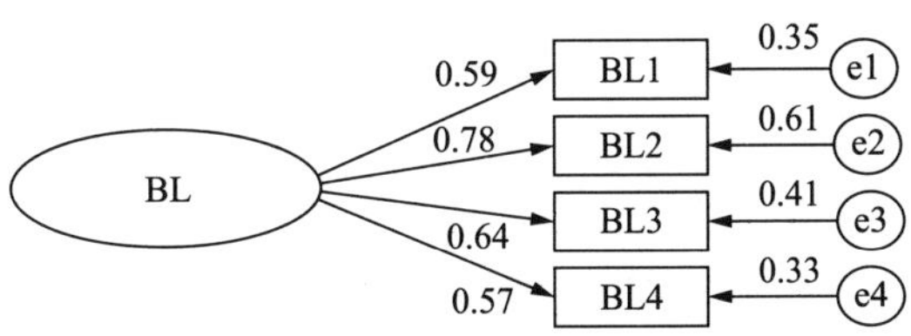


**图 5－12 品牌忠诚测量模型及其输出结果**

1. 单一性分析

从图 5－12 中可知，所有题项指标对品牌忠诚这个一阶因子均有较强的正相关关系。其中，标准回归系数最小的是第 4 个题项（BL4），其值为 0.57。系统输出的单一性分析的拟合程度指标如表 5－22 所示。

**表 5－22 品牌忠诚测量模型单一性分析拟合程度指标**

| 拟合指标 | $\chi^2$/df | GFI | AGFI | RMSEA | NFI | RFI | IFI | TFI | CFI |
|---|---|---|---|---|---|---|---|---|---|
| 指标值 | 1.2 | 0.978 | 0.921 | 0.063 | 0.948 | 0.943 | 0.952 | 0.956 | 0.952 |

由表 5－22 可知，品牌忠诚测量模型的所有单一性分析的拟合指标均达到了满意的标准。

2. 内部一致性检验

对品牌忠诚测量模型的量表进行内部一致性检验，其检验的结果如表 5－23 所示。

表 5－23　品牌忠诚测量模型内部一致性检验结果

| 测量变量 | 量表条目 | 标准化负荷（λ） | 负荷标准误（S. E.） | 负荷 t 值（C. R.） | $R^2$ | 测量误差（ε） | 各构面 α、$\rho_c$、$\rho_v$ $\sqrt{\rho_v}$ |
|---|---|---|---|---|---|---|---|
| 品牌忠诚 | BL1 | 0.59 | — | — | 0.35 | 0.65 | α = 0.736 |
| | BL2 | 0.78 | 0.139 | 9.911 | 0.61 | 0.39 | $\rho_c$ = 0.7425 |
| | BL3 | 0.64 | 0.120 | 9.456 | 0.41 | 0.59 | $\rho_v$ = 0.4228 |
| | BL4 | 0.57 | 0.130 | 8.778 | 0.33 | 0.67 | $\sqrt{\rho_v}$ = 0.6502 |

从表5－23中可知，正式研究样本中感知价值量表的 Cronbach α 值为0.736，大于参考最低标准值0.70。通过公式（5－1）和公式（5－2）计算所得的建构信度指标、方差抽取估计值，除方差抽取估计值稍低于标准值外，其他各项指标均达到满意标准，并且条目的标准化负荷系数多接近或大于0.6，说明量表具备较好的收敛效度。

## 四、分析结论

通过以上对店铺形象、感知价值、顾客满意、品牌信任和品牌忠诚等各变量的验证性因素分析，可以得出以下研究的结论：

（1）所有测量模型在评价指标上均达到了规定的标准。通过对店铺形象一阶、二阶测量模型，品牌信任一阶、二阶测量模型以及全模型的中间变量感知价值、顾客满意和结果变量品牌忠诚的测量模型均作了验证性分析，发现测量模型均达到了较好的测量标准。

（2）量表中的绝大多数题项都能较好地解释一阶因子。通过对店铺形象、感知价值、顾客满意、品牌信任、品牌忠诚的测量变量进行验证性因子分析，发现各变量所包含的题项，除个别题项因子稍低于标准临界值外，其他绝大部分题项因子都远远高于标准临界值，能较好地解释各自的一阶因子。

（3）店铺形象、品牌信任各自的一阶因子均对二级因子具有较好的解释效应，而且，店铺形象、品牌信任二阶测量模型与一阶测量模型的解释程度相当。但是，店铺形象二阶测量模型优于一阶测量模型，而品牌信任一阶测量模型优于二阶测量模型。因此，在全模型的验证中，使用店铺形象二阶测量模型、品牌信任一阶测量模型。

## 五、本章小结

此部分在前测分析的基础之上，依据调整的概念模型和调查问卷，对研究对象进行了大规模的调查研究，取得了一手研究数据并据此展开了相应的分析。

对正式样本数据的正态分布检验表明，所采集的样本数据满足正态分布要求，可以用以结构方程建模与分析。

在对样本数据的验证性因子分析过程中发现：

第一，店铺形象一、二阶测量模型的单一性分析的拟合程度指标、内部一致性检验指标、聚合效度与区分效度指标均能达到规定标准；店铺形象一阶测量模型和二阶测量模型具有相同的解释程度，可以用更为简单的二阶测量模型来代表一阶测量模型。

第二，感知价值、顾客满意、品牌忠诚测量模型的单一性分析的拟合程度指标、内部一致性检验指标、聚合效度与区分效度指标均能达到规定标准。

第三，品牌信任的一、二阶测量模型的单一性分析的拟合程度指标、内部一致性检验指标、聚合效度与区分效度指标均能达到规定标准；品牌信任一阶测量模型和二阶测量模型具有相同的解释程度，但一阶测量模型略优于二阶测量模型，因此，将采用品牌信任一阶测量模型进行全模型的构建。

根据本章数据分析的结果，本书将在后续章节中对概念模型进行检验与修正，并进一步证明假设的真伪。

# 第六章　检验修正

本章将在验证性因子分析的基础之上，对店铺形象、感知价值、顾客满意、品牌信任及忠诚关系的全模型进行检验，并根据检验的结果对其进行修正。

## 一、模型检验

根据前面的分析，将店铺形象的二阶测量模型和品牌信任的一阶测量模型以及感知价值、顾客满意、品牌忠诚等变量按照概念模型进行组合，可以得出店铺形象与品牌信任及忠诚关系的结构方程全模型。

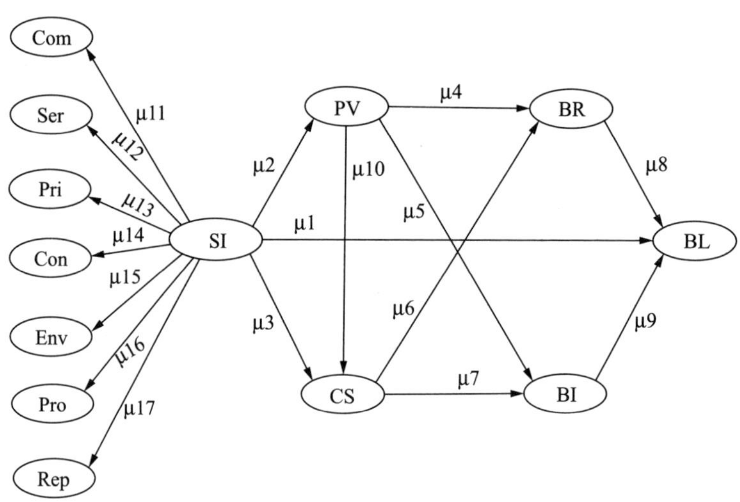


**图 6－1　结构方程全模型**

在该模型中，二阶因子店铺形象（SI）包括：商品形象（Com）、服务形象（Ser）、价格形象（Pri）、便利形象（Con）、环境形象（Env）、促销形象（Pro）和商誉形象（Rep）。商品形象（Com）由4个测量题项组成，服务形象（Ser）由6个测量题项组成，价格形象（Pri）由4个测量题项组成，便利形象（Con）由4个测量题项组成，环境形象（Env）由4个测量题项组成，促销形象（Pro）由4个测量题项组成，商誉形象（Rep）由3个测量题项组成。店铺形象总共由29个测量题项组成。一阶因子品牌信任包括：品牌可靠性（BR）和品牌意图（BI），各由4个测量题项组成。感知价值（PV）由3个测量题项组成，顾客满意（CS）和品牌忠诚（BL）均由4个测量题项组成。全模型如图6－1所示。

表6－1为本书一级假设对应的路径系数，在结构方程中体现为直接关系，只有一个回归系数；表6－2为本书二级假设对应的路径系数，在结构方程模型中体现为间接关系。

**表6－1 一级假设与路径系数对应关系**

| 一级假设 | 路径系数 | 变量关系 |
|---|---|---|
| H1 | $\mu_1$ | 店铺形象→品牌忠诚 |
| H2 | $\mu_2$ | 店铺形象→感知价值 |
| H3 | $\mu_3$ | 店铺形象→顾客满意 |
| H4 | $\mu_4$ | 感知价值→品牌可靠性 |
| H5 | $\mu_5$ | 感知价值→品牌意图 |
| H6 | $\mu_6$ | 顾客满意→品牌可靠性 |
| H7 | $\mu_7$ | 顾客满意→品牌意图 |
| H8 | $\mu_8$ | 品牌可靠性→品牌忠诚 |
| H9 | $\mu_9$ | 品牌意图→品牌忠诚 |
| H10 | $\mu_{10}$ | 感知价值→顾客满意 |

**表6－2 二级假设与路径系数对应关系**

| 二级假设 | 路径系数 | 变量关系 |
|---|---|---|
| H1a | $\mu_{11}\{\mu_1+\mu_2[\mu_4\mu_8+\mu_5\mu_9+\mu_{10}(\mu_7\mu_9+\mu_6\mu_8)]+\mu_3(\mu_6\mu_8+\mu_7\mu_9)\}$ | Com→SI→BL |
| H1b | $\mu_{12}\{\mu_1+u_2[\mu_4\mu_8+\mu_5\mu_9+\mu_{10}(\mu_7\mu_9+\mu_6\mu_8)]+\mu_3(\mu_6\mu_8+\mu_7\mu_9)\}$ | Ser→SI→BL |
| H1c | $\mu_{13}\{\mu_1+u_2[\mu_4u_8+\mu_5\mu_9+\mu_{10}(\mu_7\mu_9+\mu_6\mu_8)]+\mu_3(\mu_6\mu_8+\mu_7\mu_9)\}$ | Pri→SI→BL |
| H1d | $\mu_{14}\{\mu_1+\mu_2[\mu_4\mu_8+\mu_5\mu_9+\mu_{10}(\mu_7\mu_9+\mu_6\mu_8)]+\mu_3(\mu_6\mu_8+\mu_7\mu_9)\}$ | Con→SI→BL |
| H1e | $\mu_{15}\{\mu_1+\mu_2[\mu_4\mu_8+\mu_5\mu_9+\mu_{10}(\mu_7\mu_9+\mu_6\mu_8)]+\mu_3(\mu_6\mu_8+\mu_7\mu_9)\}$ | Env→SI→BL |

续表

| 二级假设 | 路径系数 | 变量关系 |
|---|---|---|
| H1f | $\mu_{16}\{\mu_1+\mu_2[\mu_4\mu_8+\mu_5\mu_9+\mu_{10}(\mu_7\mu_9+\mu_6\mu_8)]+\mu_3(\mu_6\mu_8+\mu_7\mu_9)\}$ | Pro→SI→BL |
| H1g | $\mu_{17}\{\mu_1+\mu_2[\mu_4\mu_8+\mu_5\mu_9+\mu_{10}(\mu_7\mu_9+\mu_6\mu_8)]+\mu_3(\mu_6\mu_8+\mu_7\mu_9)\}$ | Rep→SI→BL |
| H2a | $\mu_{11}\mu_2$ | Com→SI→PV |
| H2b | $\mu_{12}\mu_2$ | Ser→SI→PV |
| H2c | $\mu_{13}\mu_2$ | Pri→SI→PV |
| H2d | $\mu_{14}\mu_2$ | Con→SI→PV |
| H2e | $\mu_{15}\mu_2$ | Env→SI→PV |
| H2f | $\mu_{16}\mu_2$ | Pro→SI→PV |
| H2g | $\mu_{17}\mu_2$ | Rep→SI→PV |
| H3a | $\mu_{11}(\mu_3+\mu_2\mu_{10})$ | Com→SI→CS |
| H3b | $\mu_{12}(\mu_3+\mu_2\mu_{10})$ | Ser→SI→CS |
| H3c | $\mu_{13}(\mu_3+\mu_2\mu_{10})$ | Pri→SI→CS |
| H3d | $\mu_{14}(\mu_3+\mu_2\mu_{10})$ | Con→SI→CS |
| H3e | $\mu_{15}(\mu_3+\mu_2\mu_{10})$ | Env→SI→CS |
| H3f | $\mu_{16}(\mu_3+\mu_2\mu_{10})$ | Pro→SI→CS |
| H3g | $\mu_{17}(\mu_3+\mu_2\mu_{10})$ | Rep→SI→CS |

用 Amos 软件对本书的结构方程全模型进行数据分析后，得到全模型的结构图及标准化回归系数，如图 6－2 所示。

全模型的各拟合指标拟合情况如表 6－3 所示，从表 6－3 中可以看出，本书的结构方程全模型的拟合程度指标还未全部达到参考标准，因此，还需对模型进行修正与优化。

**表 6－3　全模型拟合程度指标**

| 拟合指标 | $\chi^2/df$ | GFI | AGFI | RMSEA | NFI | RFI | IFI | TFI | CFI |
|---|---|---|---|---|---|---|---|---|---|
| 指标值 | 2.134 | 0.902 | 0.886 | 0.051 | 0.894 | 0.907 | 0.898 | 0.912 | 0.919 |

全模型的各路径系数关系如表 6－4 所示，通过表 6－4 可以看出：BL←SI 的标准回归系数为 0.18，其负荷 t 值（C. R.）检验值绝对值为 1.293，小于 1.96，P 值为 0.223，大于 0.05，这两个检验值不达标；CS←SI 的标准回归系数为 0.08，其负荷 t 值（C. R.）检验值绝对值为 0.859，小于 1.96，P 值为 0.296，大

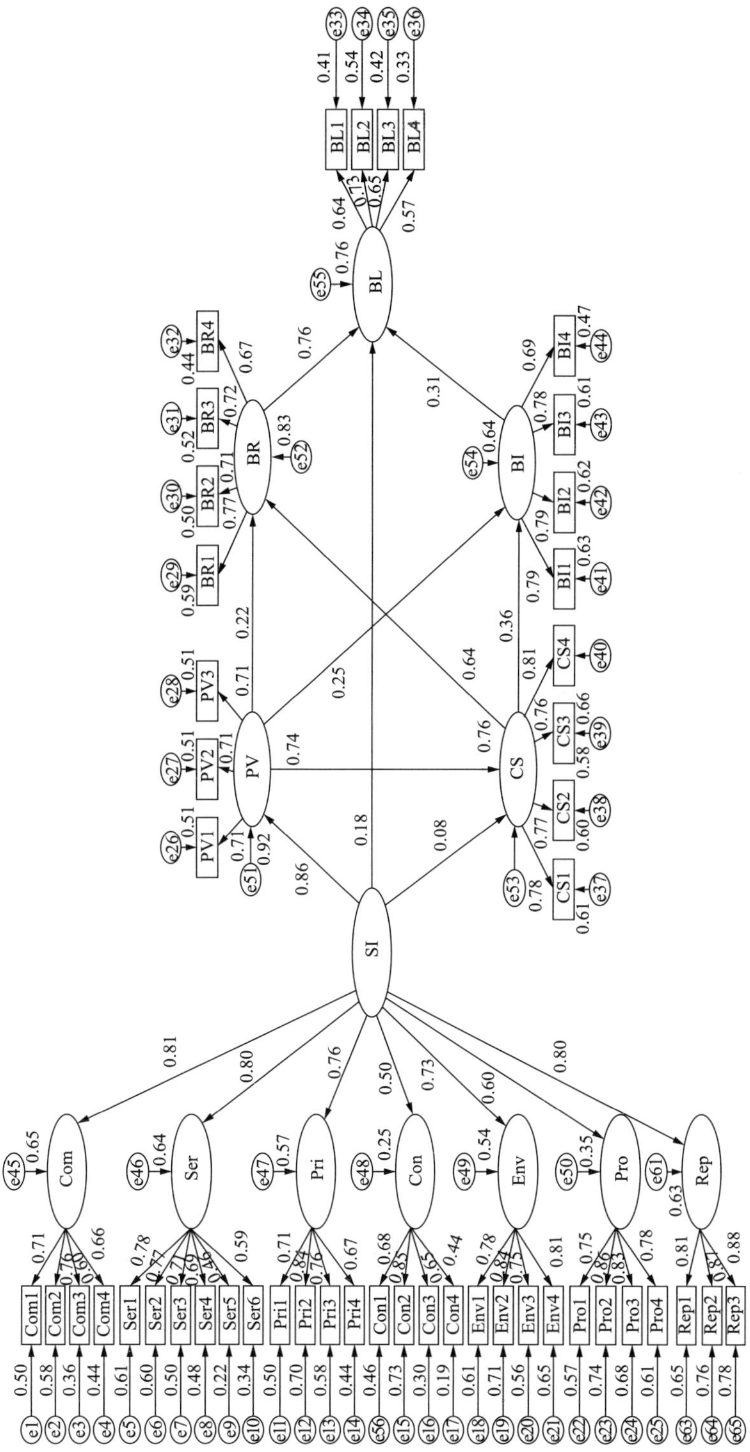


图6-2 全模型及其输出结果

于0.05，这两个检验值也不达标。因此在进行模型修正时，可以将该路径删除。由于该模型未经修改与调整，此处暂不对其标准回归系数展开讨论。

**表6-4 全模型主要路径系数**

| 作用路径 | 标准化回归系数 | 负荷标准误（S. E.） | 负荷t值（C. R.） | P值 |
|---|---|---|---|---|
| Com←SI | 0.81 | 0.094 | 12.673 | *** |
| Ser←SI | 0.80 | 0.102 | 10.172 | *** |
| Pri←SI | 0.76 | 0.103 | 9.426 | *** |
| Con←SI | 0.50 | 0.089 | 8.708 | *** |
| Env←SI | 0.73 | 0.106 | 10.353 | *** |
| Pro←SI | 0.60 | 0.101 | 8.802 | *** |
| Rep←SI | 0.80 | 0.104 | 11.304 | *** |
| BL←SI | 0.18 | 0.251 | 1.293 | 0.223 |
| PV←SI | 0.86 | 0.132 | 11.015 | *** |
| CS←SI | 0.08 | 0.293 | 0.859 | 0.296 |
| CS←PV | 0.74 | 0.094 | 8.457 | *** |
| BR←PV | 0.22 | 0.107 | 9.753 | *** |
| BI←PV | 0.25 | 0.081 | 10.112 | *** |
| BR←CS | 0.64 | 0.090 | 11.104 | *** |
| BI←CS | 0.36 | 0.082 | 8.858 | *** |
| BL←BR | 0.76 | 0.067 | 9.607 | *** |
| BL←BI | 0.31 | 0.075 | 10.138 | *** |

注：“***”表示P=0.000，C. R.大于1.96时，P<0.05；大于2.58时，P<0.01；大于3.29时，P<0.001。

## 二、模型修正

在用Amos软件进行全模型检验的过程中，可以根据修正指数（modification indice，MI）的输出值对原模型进行修正和优化。

### （一）方法与原则

学者吴明隆（2009）指出：当研究者根据理论文献或经验法则提出一个假设模型时，经适配度检验无法与观察数据适配时，表示假设模型还必须加以修正。[235]研究者可以通过以下方法对假设模型进行修正：一是将没有达到显著性水平的影响路径删除，或将不合理的影响路径删除；二是参考 Amos 提供的修正指标（modification indices）数据来判别。本书将根据以上两种修正方法，一方面将没有达到显著性水平的影响路径删除，另一方面参考 Amos 提供的修正指标值来对模型进行修正。

修正指标是探究模型是否有序列误差的重要线索，修正指标必须要多大模型才有修正的必要，似乎无一定论。学者 Bagozzi 与 Yi（1988）认为修正指标高于 3.84 时就有必要加以修正。[239]但学者邱皓政（2005）认为修正指标高于 5 时才具有修正的必要[261]。本书赞同学者 Bagozzi 与 Yi（1988）的观点，对修正指标大于 3.84 的参数进行修正。

在使用修正指标对模型进行修正时，还应注意以下原则：①若同时有数个修正指标值很大时，应根据修正指标的大小，逐个进行修正。②修正指标的改变必须配合期望参数的改变。如果修正指标值的改变量较大，对应的期望参数改变量也较大，则表示修正该参数会带来期望参数较大的改变，而且如果此种修正可以明显降低卡方值，则这样的修正才具有显著的实质意义。

根据上述模型修正的原则，对原结构方程模型进行修正，如表 6 - 5 所示。

**表 6 - 5　全模型路径修正**

| 修正类型 | 路径类型 | 修正路径 | 修正说明 |
|---|---|---|---|
| 增加 | 相关 | e9 < - - - > e10 | MI = 111.5 |
| | 相关 | e5 < - - - > e6 | MI = 98.3 |
| | 相关 | e50 < - - - > e54 | MI = 84.8 |
| | 相关 | e33 < - - - > e27 | MI = 35.9 |
| | 相关 | e49 < - - - > e61 | MI = 21.4 |

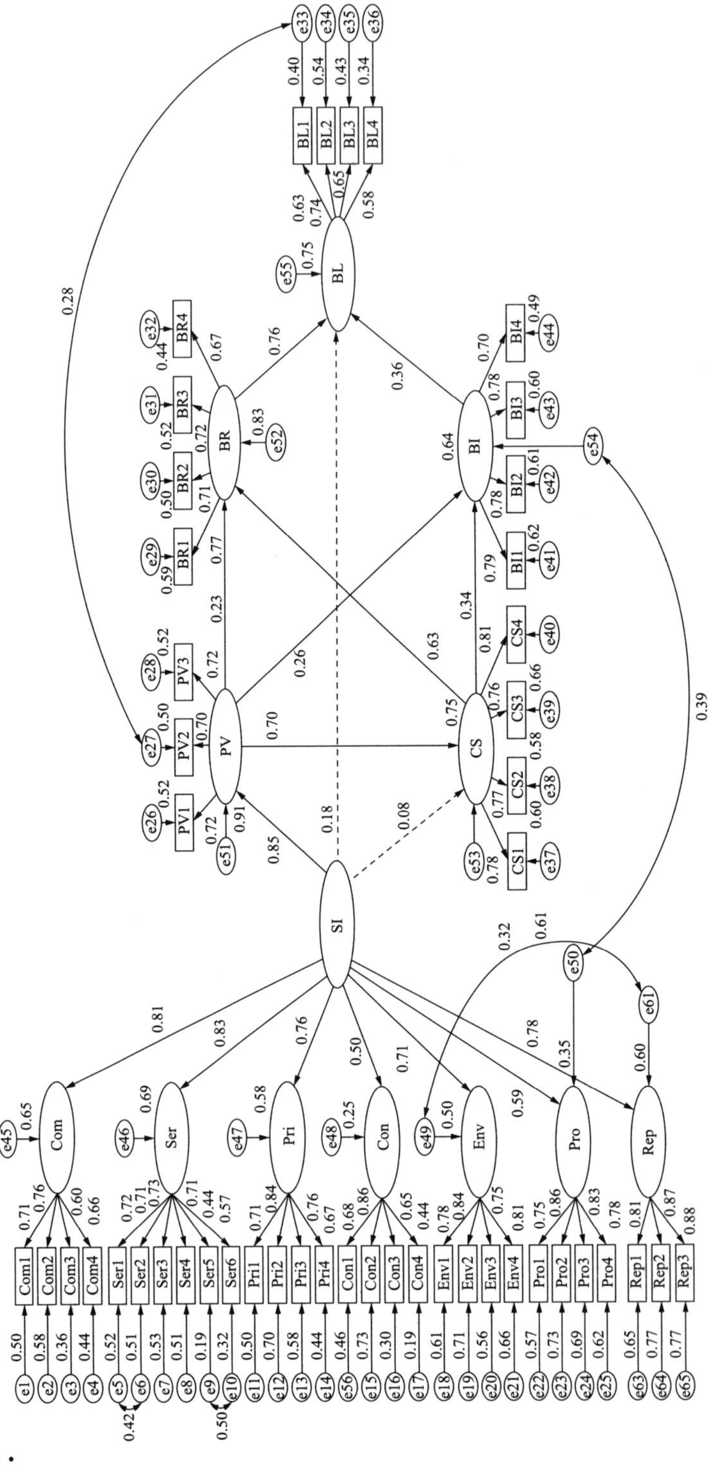


图 6-3　修正后全模型及其输出结果

### （二）模型修正

按照上述修正原则与具体的修正办法，对结构方程全模型进行逐步修正后，得到修正后的模型，如图 6－3 所示。

修正后全模型的各项拟合指标拟合情况如表 6－6 所示，从表 6－6 中可以看出，修正后模型的拟合程度指标较原模型有所改善，所有指标均达到了标准值的要求。因此，修正后的结构方程全模型相对原模型是更加有效的。本书将图 6－3 作为最终模型。

**表 6－6 修正后全模型拟合程度**

| 拟合指标 | $\chi^2/df$ | GFI | AGFI | RMSEA | NFI | RFI | IFI | TFI | CFI |
|---|---|---|---|---|---|---|---|---|---|
| 指标值 | 2.090 | 0.922 | 0.908 | 0.046 | 0.924 | 0.926 | 0.937 | 0.928 | 0.936 |

修正后全模型的主要路径系数如表 6－7 所示。从表中可知，除店铺形象（SI）到品牌忠诚（BL）、店铺形象（SI）到顾客满意（CS）的路径未能通过显著性检验外，其余路径系数均通过了假设检验。

**表 6－7 修正后全模型路径系数**

| 作用路径 | 标准化回归系数 | 负荷标准误（S. E.） | 负荷 t 值（C. R.） | P 值 |
|---|---|---|---|---|
| Com←SI | 0.81 | 0.092 | 12.596 | *** |
| Ser←SI | 0.83 | 0.098 | 10.863 | *** |
| Pri←SI | 0.76 | 0.093 | 10.342 | *** |
| Con←SI | 0.50 | 0.096 | 8.014 | *** |
| Env←SI | 0.71 | 0.092 | 10.634 | *** |
| Pro←SI | 0.59 | 0.106 | 8.923 | *** |
| Rep←SI | 0.78 | 0.102 | 11.813 | *** |
| BL←SI | 0.18 | 0.279 | 1.328 | 0.273 |
| PV←SI | 0.85 | 0.128 | 11.672 | *** |
| CS←SI | 0.08 | 0.294 | 0.932 | 0.298 |
| CS←PV | 0.70 | 0.090 | 8.648 | *** |
| BR←PV | 0.23 | 0.091 | 9.953 | *** |

续表

| 作用路径 | 标准化回归系数 | 负荷标准误（S. E.） | 负荷 t 值（C. R.） | P 值 |
|---|---|---|---|---|
| BI←PV | 0.26 | 0.086 | 10.356 | *** |
| BR←CS | 0.63 | 0.089 | 11.252 | *** |
| BI←CS | 0.34 | 0.086 | 9.034 | *** |
| BL←BR | 0.76 | 0.073 | 9.849 | *** |
| BL←BI | 0.36 | 0.080 | 10.206 | *** |

注：“***”表示 P = 0.000，C. R. 大于 1.96 时，$P<0.05$；大于 2.58 时，$P<0.01$；大于 3.29 时，$P<0.001$。

## 三、假设验证

结合变量关系与标准路径系数（包括直接效应和间接效应），对本书的研究假设进行验证分析，可以得到表 6－8 的结果。

**表 6－8 研究假设验证结果**

| 原假设 | 变量关系 | 标准化路径系数 | | | | 检验结果 |
|---|---|---|---|---|---|---|
| | | 直接效应 | 间接效应计算 | 间接效应 | 总效应 | |
| H1 | SI→BL | — | $\mu_2[\mu_4\mu_8+\mu_5\mu_9+\mu_{10}(\mu_7\mu_9+\mu_6\mu_8)]$ | 0.58 | 0.58 | 不成立 |
| H1a | Com→SI→BL | — | $\mu_{11}\{\mu_2[\mu_4\mu_8+\mu_5\mu_9+\mu_{10}(\mu_7\mu_9+\mu_6\mu_8)]\}$ | 0.47 | 0.47 | 成立 |
| H1b | Ser→SI→BL | — | $\mu_{12}\{\mu_2[\mu_4\mu_8+\mu_5\mu_9+\mu_{10}(\mu_7\mu_9+\mu_6\mu_8)]\}$ | 0.48 | 0.48 | 成立 |
| H1c | Pri→SI→BL | — | $\mu_{13}\{\mu_2[\mu_4\mu_8+\mu_5\mu_9+\mu_{10}(\mu_7\mu_9+\mu_6\mu_8)]\}$ | 0.44 | 0.44 | 成立 |
| H1d | Con→SI→BL | — | $\mu_{14}\{\mu_2[\mu_4\mu_8+\mu_5\mu_9+\mu_{10}(\mu_7\mu_9+\mu_6\mu_8)]\}$ | 0.29 | 0.29 | 成立 |
| H1e | Env→SI→BL | — | $\mu_{15}\{\mu_2[\mu_4\mu_8+\mu_5\mu_9+\mu_{10}(\mu_7\mu_9+\mu_6\mu_8)]\}$ | 0.41 | 0.41 | 成立 |
| H1f | Pro→SI→BL | — | $\mu_{16}\{\mu_2[\mu_4\mu_8+\mu_5\mu_9+\mu_{10}(\mu_7\mu_9+\mu_6\mu_8)]\}$ | 0.34 | 0.34 | 成立 |
| H1g | Rep→SI→BL | — | $\mu_{17}\{\mu_2[\mu_4\mu_8+\mu_5\mu_9+\mu_{10}(\mu_7\mu_9+\mu_6\mu_8)]\}$ | 0.45 | 0.45 | 成立 |
| H2 | SI→PV | 0.85 | — | — | 0.85 | 成立 |

续表

| 原假设 | 变量关系 | 标准化路径系数 | | | | 检验结果 |
|---|---|---|---|---|---|---|
| | | 直接效应 | 间接效应计算 | 间接效应 | 总效应 | |
| H2a | Com→SI→PV | — | $\mu_{11}\mu_2$ | 0.69 | 0.69 | 成立 |
| H2b | Ser→SI→PV | — | $\mu_{12}\mu_2$ | 0.71 | 0.71 | 成立 |
| H2c | Pri→SI→PV | — | $\mu_{13}\mu_2$ | 0.65 | 0.65 | 成立 |
| H2d | Con→SI→PV | — | $\mu_{14}\mu_2$ | 0.43 | 0.43 | 成立 |
| H2e | Env→SI→PV | — | $\mu_{15}\mu_2$ | 0.60 | 0.60 | 成立 |
| H2f | Pro→SI→PV | — | $\mu_{16}\mu_2$ | 0.50 | 0.50 | 成立 |
| H2g | Rep→SI→PV | — | $\mu_{17}\mu_2$ | 0.66 | 0.66 | 成立 |
| H3 | SI→CS | — | $\mu_2\mu_{10}$ | 0.60 | 0.60 | 不成立 |
| H3a | Com→SI→CS | — | $\mu_{11}\mu_2\mu_{10}$ | 0.48 | 0.48 | 成立 |
| H3b | Ser→SI→CS | — | $\mu_{12}\mu_2\mu_{10}$ | 0.50 | 0.50 | 成立 |
| H3c | Pri→SI→CS | — | $\mu_{13}\mu_2\mu_{10}$ | 0.45 | 0.45 | 成立 |
| H3d | Con→SI→CS | — | $\mu_{14}\mu_2\mu_{10}$ | 0.30 | 0.30 | 成立 |
| H3e | Env→SI→CS | — | $\mu_{15}\mu_2\mu_{10}$ | 0.42 | 0.42 | 成立 |
| H3f | Pro→SI→CS | — | $\mu_{16}\mu_2\mu_{10}$ | 0.35 | 0.35 | 成立 |
| H3g | Rep→SI→CS | — | $\mu_{17}\mu_2\mu_{10}$ | 0.46 | 0.46 | 成立 |
| H4 | PV→BR | 0.23 | $\mu_{10}\mu_6$ | 0.44 | 0.67 | 成立 |
| H5 | PV→BI | 0.26 | $\mu_{10}\mu_7$ | 0.24 | 0.50 | 成立 |
| H6 | CS→BR | 0.63 | — | — | 0.63 | 成立 |
| H7 | CS→BI | 0.34 | — | — | 0.34 | 成立 |
| H8 | BR→BL | 0.76 | — | — | 0.76 | 成立 |
| H9 | BI→BL | 0.36 | — | — | 0.36 | 成立 |
| H10 | PV→CS | 0.70 | — | — | 0.70 | 成立 |

通过表6-8可知，除原假设H1（药品零售业的店铺形象对消费者品牌忠诚具有直接的正向影响）、H3（药品零售业的店铺形象对顾客满意具有直接的正向影响）被证明不成立以外，其余假设均得到了证实。

## 四、普适分析

本书选择“性别”、“年龄”和“收入”三个分组变量分别对样本进行分组，并将分组样本代入店铺形象二阶测量模型以及修正后的结构方程全模型，并对其结果进行比较分析，以验证结构方程模型的行业普适性。性别按照男、女分组；年龄按照40岁及以下、40岁及以上分组；收入按照4000元及以下、4000元及以上分组。

### （一）店铺形象模型普适性

依据“性别”、“年龄”和“收入”三个分组变量划分的六个分组样本代入店铺形象二阶测量模型中计算，输出如下结果（见表6-9）。

表6-9　不同分组样本对店铺形象二阶测量模型标准路径系数

| 分组变量 | | 性别 | | 年龄 | | 收入 | |
|---|---|---|---|---|---|---|---|
| | | 男 | 女 | 40岁及以下 | 40岁及以上 | 4000元及以下 | 4000元及以上 |
| 样本数量 | | 475 | 561 | 302 | 734 | 552 | 484 |
| 路径系数 | Com←SI | 0.84 | 0.75 | 0.83 | 0.79 | 0.85 | 0.80 |
| | Ser←SI | 0.77 | 0.85 | 0.77 | 0.86 | 0.79 | 0.83 |
| | Pri←SI | 0.70 | 0.78 | 0.75 | 0.72 | 0.81 | 0.78 |
| | Con←SI | 0.78 | 0.59 | 0.79 | 0.80 | 0.68 | 0.69 |
| | Env←SI | 0.74 | 0.80 | 0.61 | 0.67 | 0.72 | 0.81 |
| | Pro←SI | 0.58 | 0.76 | 0.71 | 0.77 | 0.80 | 0.75 |
| | Rep←SI | 0.81 | 0.73 | 0.78 | 0.82 | 0.78 | 0.86 |

表6-9中，所有模型拟合优度指数均已达标，由于共有六次模型计算，不一一列出各指标值。

对于性别不同的群体，他们对店铺形象7个测量维度的侧重点并不完全相同。男性群体认为商品形象（Com）和商誉形象（Rep）最重要，其次是便利形象（Con）和服务形象（Ser），再次是环境形象（Env）和价格形象（Pri），而促销形象（Pro）最不重要。女性群体则认为服务形象（Ser）和环境形象（Env）最重要，其次是价格形象（Pri）和促销形象（Pro），再次是商品形象（Com）和商誉形象（Rep），而便利形象（Con）最不重要。

对于年龄不同的群体，他们对店铺形象7个测量维度的侧重点也并不完全相同。40岁以下群体认为商品形象（Com）和便利形象（Con）最重要，其次是商誉形象（Rep）和服务形象（Ser），再次是价格形象（Pri）和环境形象（Env），而促销形象（Pro）最不重要。40岁及以上群体认为服务形象（Ser）和商誉形象（Rep）最重要，其次是便利形象（Con）和商品形象（Com），再次是价格形象（Pri）和促销形象（Pro），而环境形象（Env）最不重要。

对于收入不同的群体，他们对店铺形象7个测量维度的侧重点也存在一定的差异。4000元及以下群体认为商品形象（Com）和价格形象（Pri）最重要，其次是促销形象（Pro）和服务形象（Ser），再次是商誉形象（Rep）和环境形象（Env），而便利形象（Con）最不重要。4000元以上群体认为商誉形象（Rep）和服务形象（Ser）最重要，其次是环境形象（Env）和商品形象（Com），再次是价格形象（Pri）和促销形象（Pro），而便利形象（Con）最不重要。

### （二）结构方程模型普适性

依据“性别”、“年龄”和“收入”三个分组变量划分的六个分组样本代入结构方程全模型中计算，输出如下结果（见表6-10）。

**表6-10 不同分组样本对结构方程全模型标准路径系数**

| 分组变量 | | 性别 | | 年龄 | | 收入 | |
|---|---|---|---|---|---|---|---|
| | | 男 | 女 | 40岁及以下 | 40岁及以上 | 4000元及以下 | 4000元及以上 |
| 样本数量 | | 475 | 561 | 302 | 734 | 552 | 484 |
| 路径系数 | SI→BL | 0.16 | 0.20 | 0.17 | 0.21 | 0.19 | 0.21 |
| | SI→PV | 0.86 | 0.84 | 0.83 | 0.88 | 0.84 | 0.87 |
| | SI→CS | 0.06 | 0.07 | 0.08 | 0.05 | 0.09 | 0.10 |
| | PV→BR | 0.24 | 0.21 | 0.26 | 0.20 | 0.27 | 0.22 |
| | PV→BI | 0.28 | 0.26 | 0.29 | 0.21 | 0.22 | 0.27 |
| | CS→BR | 0.64 | 0.62 | 0.63 | 0.65 | 0.67 | 0.61 |
| | CS→BI | 0.35 | 0.37 | 0.38 | 0.32 | 0.36 | 0.31 |
| | BR→BL | 0.78 | 0.74 | 0.71 | 0.79 | 0.72 | 0.76 |
| | BI→BL | 0.32 | 0.38 | 0.31 | 0.34 | 0.30 | 0.39 |
| | PV→CS | 0.67 | 0.73 | 0.72 | 0.76 | 0.69 | 0.71 |

表6－10对应的所有样本数据，它们的结构方程模型拟合优度指数均达到了参考标准的要求。而且，每条路径的标准回归系数在不同分组样本中均比较一致。因此，本书的结构方程全模型在药品零售行业背景下具有较强的普适性。

## 五、本章小结

本章根据正式调研的样本数据分析结果，对概念模型进行了检验与修正，并进一步证明了研究假设的真伪。在对店铺形象与零售顾客品牌忠诚关系的结构方程全模型进行检验后发现，店铺形象对零售顾客品牌忠诚不具有直接正向影响，店铺形象对顾客满意也不具有直接正向影响，其他原有的假设均被证实。同时，通过将样本数据按性别、年龄、收入三个维度分组对修正后模型的行业普适性展开了论证，验证得到：修正后的结构方程全模型对药品零售行业具有普适性。

# 第七章　研究结论

本章将根据正式样本数据分析的结果，对研究结果进行讨论，提出有关的管理实践建议。

## 一、假设验证结果

根据图 6 - 3 的输出结果和表 6 - 8 的计算结果，可以得出：

由于变量店铺形象（SI）与品牌忠诚（BL）的标准化路径系数为 0.18，但负荷 t 检验（C. R.）值为 1.328 < 1.96，且 P 值为 0.273 > 0.05，未能通过显著性检验。因此店铺形象（SI）对品牌忠诚（BL）不具有直接的正向影响，即药品零售业的店铺形象对顾客品牌忠诚不具有直接的正向影响。因此假设 H1 不成立。

由于商品形象（Com）与品牌忠诚（BL）的标准化路径系数为 0.47，且通过显著性检验。因此，商品形象（Com）对品牌忠诚（BL）具有正向影响，即药品零售业的商品形象对顾客品牌忠诚具有正向影响。因此假设 H1a 成立。

由于服务形象（Ser）与品牌忠诚（BL）的标准化路径系数为 0.48，且通过显著性检验。因此，服务形象（Ser）对品牌忠诚（BL）具有正向影响，即药品零售业的服务形象对顾客品牌忠诚具有正向影响。因此假设 H1b 成立。

由于价格形象（Pri）与品牌忠诚（BL）的标准化路径系数为 0.44，且通过显著性检验。因此，价格形象（Pri）对品牌忠诚（BL）具有正向影响，即药品零售业的价格形象对顾客品牌忠诚具有正向影响。因此假设 H1c 成立。

由于便利形象（Con）与品牌忠诚（BL）的标准化路径系数为0.29，且通过显著性检验。因此，便利形象（Con）对品牌忠诚（BL）具有正向影响，即药品零售业的便利形象对顾客品牌忠诚具有正向影响。因此假设H1d成立。

由于环境形象（Env）与品牌忠诚（BL）的标准化路径系数为0.41，且通过显著性检验。因此，环境形象（Env）对品牌忠诚（BL）具有正向影响，即药品零售业的环境形象对顾客品牌忠诚具有正向影响。因此假设H1e成立。

由于促销形象（Pro）与品牌忠诚（BL）的标准化路径系数为0.34，且通过显著性检验。因此，促销形象（Pro）对品牌忠诚（BL）具有正向影响，即药品零售业的促销形象对顾客品牌忠诚具有正向影响。因此假设H1f成立。

由于商誉形象（Rep）与品牌忠诚（BL）的标准化路径系数为0.45，且通过显著性检验。因此，商誉形象（Rep）对品牌忠诚（BL）具有正向影响，即药品零售业的商誉形象对顾客品牌忠诚具有正向影响。因此假设H1g成立。

由于变量店铺形象（SI）与感知价值（PV）的标准化路径系数为0.85，负荷t检验（C. R.）值为11.672 > 1.96，且P = 0.000 < 0.001，通过了显著性检验。因此，店铺形象（SI）对感知价值（PV）具有直接的正向影响，即药品零售业的店铺形象对顾客感知价值具有直接的正向影响。因此假设H2成立。

由于商品形象（Com）与感知价值（PV）的标准化路径系数为0.69，且通过显著性检验。因此，商品形象（Com）对感知价值（PV）具有正向影响，即药品零售业的商品形象对顾客感知价值具有正向影响。因此假设H2a成立。

由于服务形象（Ser）与感知价值（PV）的标准化路径系数为0.71，且通过显著性检验。因此，服务形象（Ser）对感知价值（PV）具有正向影响，即药品零售业的服务形象对顾客感知价值具有正向影响。因此假设H2b成立。

由于价格形象（Pri）与感知价值（PV）的标准化路径系数为0.65，且通过显著性检验。因此，价格形象（Pri）对感知价值（PV）具有正向影响，即药品零售业的价格形象对顾客感知价值具有正向影响。因此假设H2c成立。

由于便利形象（Con）与感知价值（PV）的标准化路径系数为0.43，且通过显著性检验。因此，便利形象（Con）对感知价值（PV）具有正向影响，即药品零售业的便利形象对顾客感知价值具有正向影响。因此假设H2d成立。

由于环境形象（Env）与感知价值（PV）的标准化路径系数为0.60，且通过显著性检验。因此，环境形象（Env）对感知价值（PV）具有正向影响，即药品零售业的环境形象对顾客感知价值具有正向影响。因此假设H2e成立。

由于促销形象（Pro）与感知价值（PV）的标准化路径系数为0.50，且通过显著性检验。因此，促销形象（Pro）对感知价值（PV）具有正向影响，即药品零售业的促销形象对顾客感知价值具有正向影响。因此假设H2f成立。

由于商誉形象（Rep）与感知价值（PV）的标准化路径系数为0.66，且通过显著性检验。因此，商誉形象（Rep）对感知价值（PV）具有正向影响，即药品零售业的商誉形象对顾客感知价值具有正向影响。因此假设H2g成立。

由于变量店铺形象（SI）与顾客满意（CS）的标准化路径系数为0.08，但负荷t检验（C. R.）值为0.932 <1.96，且P值为0.298 >0.05，未能通过显著性检验。因此店铺形象（SI）对顾客满意（CS）不具有直接的正向影响，即药品零售业的店铺形象对顾客满意不具有直接的正向影响。因此假设H3不成立。

由于商品形象（Com）与顾客满意（CS）的标准化路径系数为0.48，且通过显著性检验。因此，商品形象（Com）对顾客满意（CS）具有正向影响，即药品零售业的商品形象对顾客满意具有正向影响。因此假设H3a成立。

由于服务形象（Ser）与顾客满意（CS）的标准化路径系数为0.50，且通过显著性检验。因此，服务形象（Ser）对顾客满意（CS）具有正向影响，即药品零售业的服务形象对顾客满意具有正向影响。因此假设H3b成立。

由于价格形象（Pri）与顾客满意（CS）的标准化路径系数为0.45，且通过显著性检验。因此，价格形象（Pri）对顾客满意（CS）具有正向影响，即药品零售业的价格形象对顾客满意具有正向影响。因此假设H3c成立。

由于便利形象（Con）与顾客满意（CS）的标准化路径系数为0.30，且通过显著性检验。因此，便利形象（Con）对顾客满意（CS）具有正向影响，即药品零售业的便利形象对顾客满意具有正向影响。因此假设H3d成立。

由于环境形象（Env）与顾客满意（CS）的标准化路径系数为0.42，且通过显著性检验。因此，环境形象（Env）对顾客满意（CS）具有正向影响，即药品零售业的环境形象对顾客满意具有正向影响。因此假设H3e成立。

由于促销形象（Pro）与顾客满意（CS）的标准化路径系数为0.35，且通过显著性检验。因此，促销形象（Pro）对顾客满意（CS）具有正向影响，即药品零售业的促销形象对顾客满意具有正向影响。因此假设H3f成立。

由于商誉形象（Rep）与顾客满意（CS）的标准化路径系数为0.46，且通过显著性检验。因此，商誉形象（Rep）对顾客满意（CS）具有正向影响，即药品零售业的商誉形象对顾客满意具有正向影响。因此假设H3g成立。

由于变量感知价值（PV）与品牌可靠性（BR）的标准化路径系数为0.23，负荷t检验（C. R.）值为9.953 > 1.96，且P = 0.000 < 0.001，通过了显著性检验。因此，感知价值（PV）对品牌可靠性（BR）具有直接的正向影响，即药品零售业的顾客感知价值对品牌可靠性具有直接的正向影响。因此假设H4成立。

由于变量感知价值（PV）与品牌意图（BI）的标准化路径系数为0.26，负荷t检验（C. R.）值为10.356 > 1.96，且P = 0.000 < 0.001，通过了显著性检验。因此，感知价值（PV）对品牌意图（BI）具有直接的正向影响，即药品零售业的顾客感知价值对品牌意图具有直接的正向影响。因此假设H5成立。

由于变量顾客满意（CS）与品牌可靠性（BR）的标准化路径系数为0.63，负荷t检验（C. R.）值为11.252 > 1.96，且P = 0.000 < 0.001，通过了显著性检验。因此，顾客满意（CS）对品牌可靠性（BR）具有直接的正向影响，即药品零售业的顾客满意对品牌可靠性具有直接的正向影响。因此假设H6成立。

由于变量顾客满意（CS）与品牌意图（BI）的标准化路径系数为0.34，负荷t检验（C. R.）值为9.034 > 1.96，且P = 0.000 < 0.001，通过了显著性检验。因此顾客满意（CS）对品牌意图（BI）具有直接的正向影响，即药品零售业的顾客满意对品牌意图具有直接的正向影响。因此假设H7成立。

由于变量品牌可靠性（BR）与品牌忠诚（BL）的标准化路径系数为0.76，负荷t检验（C. R.）值为9.849 > 1.96，且P = 0.000 < 0.001，通过了显著性检验。因此品牌可靠性（BR）对品牌忠诚（BL）具有直接的正向影响，即药品零售业的品牌可靠性对品牌忠诚具有直接的正向影响。因此假设H8成立。

由于变量品牌意图（BI）与品牌忠诚（BL）的标准化路径系数为0.36，负荷t检验（C. R.）值为10.206 > 1.96，且P = 0.000 < 0.001，通过了显著性检验。因此，品牌意图（BI）对品牌忠诚（BL）具有直接的正向影响，即药品零售业的品牌意图对品牌忠诚具有直接的正向影响。因此假设H9成立。

由于变量感知价值（PV）与顾客满意（CS）的标准化路径系数为0.70，负荷t检验（C. R.）值为8.648 > 1.96，且P = 0.000 < 0.001，通过了显著性检验。因此感知价值（PV）对顾客满意（CS）具有直接的正向影响，即药品零售业的感知价值对顾客满意具有直接的正向影响。因此假设H10成立。

根据上述研究结论，现将本书的研究假设验证结论汇总如表7－1所示。

表 7－1 假设验证结果

| 因子间关系 | 假设 | 假设内容 | 验证结果 |
|---|---|---|---|
| 店铺形象与品牌忠诚 | H1 | 药品零售业的店铺形象对其品牌忠诚具有直接的正向影响 | 证伪 |
| | H1a | 药品零售业的商品形象对其品牌忠诚具有正向影响 | 证实 |
| | H1b | 药品零售业的服务形象对其品牌忠诚具有正向影响 | 证实 |
| | H1c | 药品零售业的价格形象对其品牌忠诚具有正向影响 | 证实 |
| | H1d | 药品零售业的便利形象对其品牌忠诚具有正向影响 | 证实 |
| | H1e | 药品零售业的环境形象对其品牌忠诚具有正向影响 | 证实 |
| | H1f | 药品零售业的促销形象对其品牌忠诚具有正向影响 | 证实 |
| | H1g | 药品零售业的商誉形象对其品牌忠诚具有正向影响 | 证实 |
| 店铺形象与感知价值 | H2 | 药品零售业的店铺形象对其感知价值具有直接的正向影响 | 证实 |
| | H2a | 药品零售业的商品形象对其感知价值具有正向影响 | 证实 |
| | H2b | 药品零售业的服务形象对其感知价值具有正向影响 | 证实 |
| | H2c | 药品零售业的价格形象对其感知价值具有正向影响 | 证实 |
| | H2d | 药品零售业的便利形象对其感知价值具有正向影响 | 证实 |
| | H2e | 药品零售业的环境形象对其感知价值具有正向影响 | 证实 |
| | H2f | 药品零售业的促销形象对其感知价值具有正向影响 | 证实 |
| | H2g | 药品零售业的商誉形象对其感知价值具有正向影响 | 证实 |
| 店铺形象与顾客满意 | H3 | 药品零售业的店铺形象对顾客满意具有直接的正向影响 | 证伪 |
| | H3a | 药品零售业的商品形象对顾客满意具有正向影响 | 证实 |
| | H3b | 药品零售业的服务形象对顾客满意具有正向影响 | 证实 |
| | H3c | 药品零售业的价格形象对顾客满意具有正向影响 | 证实 |
| | H3d | 药品零售业的便利形象对顾客满意具有正向影响 | 证实 |
| | H3e | 药品零售业的环境形象对顾客满意具有正向影响 | 证实 |
| | H3f | 药品零售业的促销形象对顾客满意具有正向影响 | 证实 |
| | H3g | 药品零售业的商誉形象对顾客满意具有正向影响 | 证实 |
| 感知价值与品牌信任 | H4 | 药品零售业的顾客感知价值对其品牌可靠性具有直接的正向影响 | 证实 |
| | H5 | 药品零售业的顾客感知价值对其品牌意图具有直接的正向影响 | 证实 |
| 顾客满意与品牌信任 | H6 | 药品零售业的顾客满意对其品牌可靠性具有直接的正向影响 | 证实 |
| | H7 | 药品零售业的顾客满意对其品牌意图具有直接的正向影响 | 证实 |

续表

| 因子间关系 | 假设 | 假设内容 | 验证结果 |
| --- | --- | --- | --- |
| 品牌信任与品牌忠诚 | H8 | 药品零售业的品牌可靠性对其品牌忠诚具有直接的正向影响 | 证实 |
| | H9 | 药品零售业的品牌意图对其品牌忠诚具有直接的正向影响 | 证实 |
| 感知价值与顾客满意 | H10 | 药品零售业的感知价值对其顾客满意具有直接的正向影响 | 证实 |

## 二、模型修正结论

据此，对本书提出的概念模型进行相应修正，具体如图 7－1 所示。

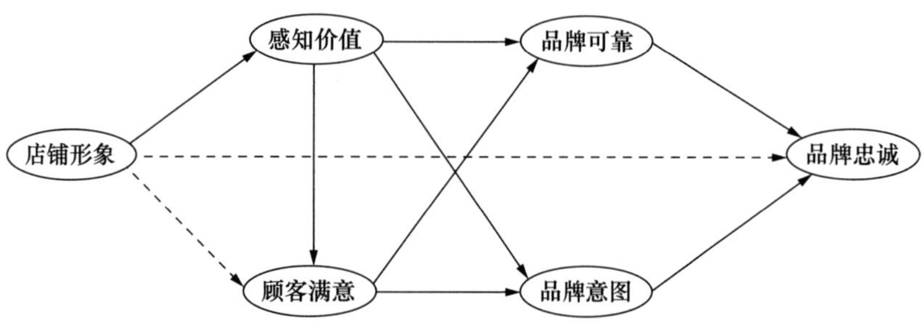


**图 7－1　修正后概念模型**

## 三、相关关系分析

本书重点研究了基于结构方程模型的药品零售行业店铺形象对顾客品牌信任及忠诚影响的关系，下面结合已有数据分析的结论，对概念模型中的各种因果关系进行分析。

### （一）店铺形象维度修正

尽管在过去的研究中，学者们就店铺形象的组成类型和构成维度得出了许多有价值的结论。但是由于研究者研究方法和视角的不同，所得出的店铺形象维度在数量和类型上存在较大差异。而且，由于零售业态不同，各具体业态的店铺形象构成维度和类型也有很大差别。这就为处于不同业态的零售企业店铺形象的实践应用带来了困惑。本书基于中国文化背景，以药品零售业顾客为研究样本，在总结已有研究成果的基础上，从商品形象、服务人员形象、价格形象、便利形象、氛围形象、设施形象、促销形象、商誉形象和售后服务形象九个维度对药品零售业店铺形象进行初始调研问卷的设计，通过 279 份样本数据的探索性因子分析，发现这九个维度并不能准确测量和反映药品零售业的店铺形象。通过进一步的探索性因子分析研究发现，药品零售业的店铺形象由商品形象、服务形象、价格形象、便利形象、环境形象、促销形象和商誉形象七个子维度组成。在这七个子形象维度中，各子维度对店铺形象解释作用由大到小的顺序依次为：服务形象（路径系数 0. 83）、商品形象（路径系数 0. 81）、商誉形象（路径系数 0. 78）、价格形象（路径系数 0. 76）、环境形象（路径系数 0. 71）、促销形象（路径系数 0. 59）、便利形象（路径系数 0. 50）。这一研究结果与基于中国文化背景的国内其他相关研究者，例如汪旭晖和陆奇斌（2007）[29]在超市业态、杨宜苗和夏春玉（2009）[30]在购物中心和百货商店业态中所使用的店铺形象测量维度有所不同，这不仅丰富了店铺形象研究的内容体系，而且为药品零售企业制定有效的营销战略提供了理论支持。

### （二）店铺形象与感知价值

追求感知价值最大化是顾客进行经济消费的基本出发点，而为顾客提供优异的顾客感知价值是企业发展的根本目的。本书研究发现，药品零售业各子维度的店铺形象对顾客感知价值都具有直接的正向影响，即药品零售业店铺的商品形象、服务形象、价格形象、便利形象、环境形象、促销形象和商誉形象对顾客感知价值有正向的影响。其中，各个子维度对顾客感知价值影响程度从大到小依次为：服务形象（路径系数 0. 71）、商品形象（路径系数 0. 69）、商誉形象（路径系数 0. 66）、价格形象（路径系数 0. 65）、环境形象（路径系数 0. 60）、促销形象（路径系数 0. 50）、便利形象（路径系数 0. 43）。从路径系数的大小可以看出，服务形象、商品形象和商誉形象对顾客感知价值影响较大，价格形象、环境形象次之；促销形象、便利形象较小。这表明，在药品零售行业患者对药品零售企业的商品形象、服务形象、价格形象、便利形象、环境形象、促销形象和商誉形象越好，则患者的感知价值就越高。本书的研究结论与学者 Babin 和 Attaway（2000）[204]、Mitchell（2001）[124]、Lai 等（2009）[205]及杨宜苗和夏春玉（2009）[30]等的研究结论总体上趋于一致。

### （三）店铺形象与顾客满意

作为营销研究领域的一个重要概念，顾客满意被认为是顾客对产品或服务的可感知效果与其心目中的期望值相比较之后，所形成的愉悦或失望的感觉状态。国内外较多研究者，如：Andreassen 和 Lindestad（1998）[203]、Bloemer 和 Ruyter（1998）[66]、王高等（2006）[222]、汪旭晖和陆奇斌（2007）[29]、周文辉和陈晓红（2008）[198]、汪旭晖和徐健（2010）[32]在大型购物中心、百货商店等零售业态中研究发现，店铺形象对顾客满意存在积极的正向影响。然而，本书研究发现：药品零售业的店铺形象对顾客满意不具有直接的正向影响，而是通过感知价值的中介作用对顾客满意有间接的正向影响，即药品零售业店铺的商品形象、服务形象、价格形象、便利形象、环境形象、促销形象和商誉形象是通过感知价值的中介作用对顾客满意有间接的正向影响。该结论与上述学者在不同零售业态环境中对店铺形象与顾客满意之间关系的研究所得出的结论有所不同，这也充分说明了零售业态不同，店铺形象对顾客满意的影响会有所不同，这也是本书的一个重要发现。

### （四）品牌信任维度与前因后果变量

作为消费与品牌之间关系质量重要变量的品牌信任，其结构维度和前因后果变量是营销领域研究的热点问题。首先，在品牌信任结构维度方面，本书在前人研究的基础上，将品牌信任划分为可靠性和意图两个维度，并运用药品零售业顾客样本，通过探索性和验证性因子分析确定了品牌信任两个特征维度的有效性。

其次，在品牌信任的前因方面，先前有文献研究表明，品牌信任的前因变量包括感知价值、感知质量、顾客满意等，而本书发现，店铺形象通过感知价值的第一次完全中介作用，顾客满意的第二次中介作用对品牌信任的可靠性和意图两个维度都有间接的正向影响，是品牌信任的又一重要前因变量。

此外，作为品牌信任的直接前因变量，本书也探察了感知价值和顾客满意这两个变量对品牌信任两个维度影响的差异。在感知价值对品牌信任两个维度的影响中，感知价值对品牌意图的影响（路径系数0.26）稍大于对品牌可靠性的影响（路径系数0.23）。这一结论与金玉芳（2005）[130]针对化妆品行业的研究结论有所不同。一个可能的解释是药品作为特殊的商品，由于买卖双方存在较严重的信息不对称，药品的价格过低反而使消费者对其质量和疗效产生怀疑。在顾客满意对品牌信任两个维度的影响中，顾客满意对品牌可靠性的影响（路径系数0.63）要大于对品牌意图的影响（路径系数0.34）。这表明顾客对品牌的满意体验是顾客对药店品牌可靠性产生信任的最重要前因。该研究结论与Delgado - Ballester等（2003）[177]和金玉芳（2005）[130]的研究结论相一致。

最后，在品牌信任后果变量方面，即品牌信任不同维度对品牌忠诚的影响作用方面，本书研究发现，品牌信任的可靠性和意图两个维度对品牌忠诚都具有显著的直接正向影响，但这两个维度对品牌忠诚的影响也存在差异。其中，品牌可靠性对品牌忠诚的影响（路径系数0.76）要大于品牌意图对品牌忠诚的影响（路径系数0.36）。这表明，顾客对药店品牌可靠性的信任更容易导致其对药店品牌的忠诚。该结论与Jambulingam等（2009）[262]对美国156名药品零售商与批发商之间的品牌信任与品牌忠诚关系的研究结论相一致。

### （五）店铺形象与品牌忠诚

关于店铺形象与顾客品牌忠诚的关系研究中，有些学者发现店铺形象对顾客忠诚有直接的正向影响。如Dong - Mo Koo（2003）[111]、Chang和Tu（2005）[70]、于坤章和王亚飞（2006）[197]、周文辉和陈晓红（2008）[198]、汪旭晖和徐健（2010）[32]。但也有学者发现店铺形象通过商店满意等中介变量影响商店忠诚，如Bloemer和Ruyter（1998）[66]以及Castro等（2007）[196]。本书研究表明，店铺形象对顾客品牌忠诚没有直接的正向影响，而是通过感知价值、顾客满意、品牌可靠性和品牌意图的中介作用对品牌忠诚产生间接的影响。店铺形象各子维度对顾客品牌忠诚影响的大小顺序是：服务形象（路径系数0.48）、商品形象（路径系数0.47）、商誉形象（路径系数0.45）、价格形象（路径系数0.44）、环境形象（路径系数0.41）、促销形象（路径系数0.34）、便利形象（路径系数0.29）。从上述间接作用路径系数大小可以看出，对顾客品牌忠诚较大的维度是服务形象、商品形象和商誉形象，其中服务形象最大；对顾客品牌忠诚较小的维度是促销形象和便利形象，其中便利形象最小。虽然店铺形象对顾客品牌忠诚没有直接的影响作用，但是店铺形象通过多条不同路径对顾客品牌忠诚产生间接影响。其中两条比较明显的路径如下：一是通过感知价值、品牌可靠性和品牌意图的中介作用对顾客品牌忠诚产生影响。这是店铺形象通过为顾客提供优异的感知价值，而使顾客通过价值感知和计算对品牌产生信任和忠诚。二是店铺形象通过感知价值、顾客满意、品牌可靠性和品牌意图的中介作用对顾客品牌忠诚产生影响。这是店铺形象通过感知价值的中介作用产生对品牌的满意体验，并通过满意消费经验累积产生对品牌的信任和忠诚。

## 四、管理实践意义

本书结合前面研究的结论分析，可以得到以下对企业管理实践的启示。

### （一）药品零售企业应注意进行店铺形象管理，特别要注重建立和优化企业的服务形象、商品形象和商誉形象

顾客在进行药品购买的过程中，会从药店的购药环境、药店地点的便利性、药店服务人员的态度与专业水平、药店品牌的商誉等方面来评估药店整体的店铺形象，从而决定其购买决策和行为。本书结论表明，药店的店铺形象会通过感知价值、顾客满意、品牌可靠性和品牌意图等中介变量对顾客品牌忠诚产生间接影响。因此，药品零售经营者应注意进行店铺形象管理，特别要注重建立和优化企业的服务形象、商品形象和商誉形象。事实上，由于同质化竞争的加剧，当前很多药品零售企业都将价格战、促销战作为吸引顾客、培育顾客品牌忠诚、获取竞争优势的手段。然而，本书的实证研究表明：在药品零售行业，价格形象和促销形象对顾客品牌忠诚的影响作用较小，而服务形象、商品形象和商誉形象对顾客品牌忠诚的影响作用较大。因此，在药品零售企业资源有限的情况下，在打造竞争优势的过程中不能再仅仅依赖于价格和促销战略，应将企业资源集中配置在建立和优化对顾客品牌忠诚影响作用较大的服务形象、商品形象和商誉形象维度来提升消费者的感知价值和顾客满意，促进消费者对药店品牌的信任，进而提高顾客的品牌忠诚。在建立和优化服务形象方面，药品零售企业应加强对药店服务人

员进行培训，采取多种手段，使每一位药店服务人员树立全心全意为顾客服务的理念，具备礼貌、热情、友好的服务态度，丰富的药学专业知识和较强的药学服务能力。在建立和优化商品形象方面，药品零售企业应严格按照国家药品销售的相关法律、法规，高度重视药品的质量，坚决不销售不符合规定的假冒伪劣药品，不断丰富药品的品种和数量，及时更新最新上市的各类药品。在建立和优化商誉形象方面，药品零售企业应注重培育自己在消费者心目中的良好声誉，树立诚信、负责、可以信赖的商誉形象。

### （二）药品零售企业应大力提升顾客感知价值

为顾客创造优异的价值是企业的基本使命，而提升顾客感知价值是提高顾客满意度、品牌信任和品牌忠诚的前提条件。本书的研究结果表明，感知价值不仅对顾客满意度、品牌可靠性、品牌意图具有直接影响，而且通过顾客满意、品牌可靠性、品牌意图对品牌忠诚产生间接影响。也就是说，顾客感知价值在店铺形象影响顾客品牌信任及忠诚的过程中起到了非常重要的中介作用。因此，药品零售企业应不断谋求提升顾客感知价值的有效途径和方法，竭力“为患者创造价值”。药品零售企业可以通过多种措施来提升顾客购买的感知价值。在药店服务方面，药品零售企业的服务人员可以更多地关心患者，根据患者的病情有针对性地提供耐心细致、热情友好和真诚有效的服务，增加患者对药店服务的价值体验。在药品提供方面，药品零售企业可以根据患者的需求对药品进行品类管理，尽力为患者提供品类和品牌齐全、质量安全可靠的药品，增强患者购药的可选择性和安全感。在声誉形象方面，药品零售企业要始终注意树立“100%为患者服务”和“心系民众健康”的公益性品牌声誉形象，增强患者在精神和心理上对药店品牌价值的认知。此外，药品零售企业也可以通过使用顾客个性化价值创造手段，如使用患者购买药品数据库、建立患者健康档案来提高患者的购药价值。药品零售企业还可以通过为患者提供合理价格药品的同时，设立更多售药网点、延长购药时间、开通网上购药服务、进行送药上门等方式减少患者在购买时间、体力和精神方面的成本。换言之，只要药品零售企业在药品、服务、形象、个性化等某一个或者某几个方面进行革新，为患者提供超越竞争对手的优异总体顾客价值，就会建立起药店品牌与患者之间的长期良好关系，进而实现患者对药店品牌的忠诚。

### （三）药品零售企业应注意监控顾客满意情况

顾客的满意体验是顾客品牌信任和忠诚的基础和前提条件，只有对企业产品或服务品牌非常满意的顾客才会对品牌产生信任和忠诚。对药店满意的顾客不但自己有重购倾向，减少寻找替代药店，而且会向他人进行口碑宣传，有利于企业开拓新的市场。同样，不满意的顾客将转换药店品牌，并会将其不满意的购药经历通过口碑宣传给其他的顾客，并给药店品牌带来较严重的负面影响。本书的研究结果表明，相对于感知价值而言，顾客满意是品牌可靠性和意图的更重要的前因变量，提高顾客满意度是实现顾客对药店品牌信任和忠诚的重要原因。因此，药品零售企业要注意及时监测顾客的满意情况，不断提高患者对药店的满意程度。药品零售企业经营者可以通过实施患者满意工程，全面了解患者满意与不满意的变动情况，及时分析患者满意与不满意的原因，对导致患者满意方面的因素不断发扬优化，强化患者满意的因素。对导致患者不满意方面的因素则要认真反思、寻找差异，在最短的时间内改善、清除，如有对患者造成损失的还应及时地采取相关补救措施。此外，药品零售企业经营者还可以通过改进和优化顾客满意度的测量工具来对患者与药店品牌之间的情感互动、品牌认同和体验等方面情况进行交流，建立虚拟品牌社群和论坛、传播品牌价值、增强患者对药店品牌的服务满意体验，提高患者对药店品牌的顾客满意度。

### （四）药品零售企业要增强患者对药店品牌的信任，尤其是对品牌可靠性的信任

建立和保持消费者与品牌之间的长期稳定关系，是企业获得长期竞争优势的根本和一项重要的无形资产。品牌信任是消费者与品牌之间建立和保持长期关系的关键与核心，是衡量消费者与品牌关系质量的一个重要因素。顾客对药店品牌的信任是顾客品牌忠诚最直接的前因变量，当顾客对药店所提供的药品和服务感到有价值和满意并存时，就是逐步与药店品牌建立起一种信任关系，并逐渐形成一种对药店品牌良好的情感关系，最终对药店品牌产生忠诚。这种忠诚是一种高可靠度、高持久性的忠诚，是企业最为宝贵的资源。因此，药品零售企业要增强患者对药店品牌的信任，尤其是对品牌可靠性的信任。药品零售企业可以通过建立科学购药服务流程、强化专业化服务技能等来传递企业服务绩效水平，为患者提供优异的消费价值和满意的服务，降低患者购买风险，增强患者购药信心。在品牌可靠性方面，药店经营者要在大力提升药店服务形象、商品形象和声誉形象的同时，不断优化药店购物环境形象，对药店进行必要的装修，营造宽敞明亮的购药环境，人性化的店堂布局，干净整洁的店内卫生，树立药店服务专业、可

靠、有足够的能力满足患者购药需求的形象。此外，在品牌意图方面，药品零售企业要树立仁慈、诚信、正直、公平、为患者健康考虑的公益性形象，通过各种方式不断强化和提升患者对药店品牌意图的信任水平，增强顾客的品牌信任感。

### （五）药品零售企业要高度重视顾客品牌忠诚，实施顾客品牌忠诚管理

面对日益激烈的市场竞争，越来越多的企业通过建立和保持与顾客之间良好的品牌关系来赢得顾客品牌忠诚，获取企业的竞争优势。实际上，在零售服务领域，顾客对零售品牌的忠诚已经成为零售企业赢得市场成功及店铺永续经营的最重要因素。对企业品牌忠诚的顾客是企业最宝贵的品牌资产，对企业品牌忠诚的顾客，不但自己有忠诚和溢价购买行为，而且会对自己的亲朋好友进行积极的口碑宣传。这种口碑宣传，相对于其他形式的企业广告与促销而言，不需要任何费用，而且可信度更高，效果更好。事实上，由于存在比较严重的信息不对称，很多患者在购买药品时都是通过老顾客的口碑宣传而选择所需的药店品牌。因此，药品零售企业要高度重视顾客品牌忠诚，实施顾客品牌忠诚管理。药品零售企业要将着眼点从企业的近期利润转移至企业的长远利益之上，旨在建立、维持和促进患者与药店品牌之间长期稳定关系的基础上，通过广泛的市场调查，准确定位和分析患者的需求，找到患者品牌忠诚和不忠诚的要素，进行顾客品牌忠诚管理。此外，为防止患者流失和培养顾客品牌忠诚，有针对性地制定全面的顾客品牌忠诚计划和策略，通过差别化和品牌化患者所偏爱的店铺形象，为患者提供优异的价值和满意体验，逐步建立起患者对药店品牌牢固的“信托”关系，铸就顾客对药店品牌的信任型忠诚。

## 五、本章小结

通过全书的实证研究发现，药品零售业的店铺形象对顾客品牌忠诚不具有直接的正向影响作用。

本章还对药品零售业的店铺形象对顾客品牌信任及忠诚影响的内部各种因果关系进行了分析，并依据这一理论研究成果对药品零售业内的企业管理实践提出了相应的对策，如药品零售经营者要避免一味地进行价格战、促销战，而应注重

建立和优化企业的服务形象、商品形象和商誉形象；药品零售企业应大力提高顾客感知价值；药品零售企业应注意监控顾客满意情况；药品零售企业应增加消费者对药店品牌的信任度；药品零售企业应高度重视顾客品牌忠诚，实施顾客品牌忠诚管理。

# 第八章 结 语

本书以药品零售业为研究对象，采用实证研究的方法对店铺形象与品牌信任及忠诚的关系展开了研究，得出了一些新的结论和观点。

## 一、本书研究方法

本书通过广泛而深入的文献回顾，提出了药品零售业的店铺形象对顾客品牌信任及忠诚影响机制的初始概念模型和相应的研究假设，并结合已有的研究量表，开发设计了适合药品零售业这一特定业态的调查问卷。本书采用实证研究的方法，首先通过对前测样本数据进行探索性因子分析，然后根据分析结果修正了初始概念模型和问卷，再通过对正式样本数据进行验证性因子分析和结构方程全模型检验，验证了概念模型和研究假设的真伪。

## 二、主要创新

与以往研究相比，本书主要有以下创新点：

第一，建立了药品零售业的店铺形象测量维度。本书在前人既有研究成果的基础上，从商品形象、服务人员形象、价格形象、便利形象、氛围形象、设施形象、促销形象、商誉形象和售后服务形象共九个维度对店铺形象进行初始调研问卷的设计，并通过对 279 份探索性样本数据的探索性因子分析，发现这九个维度并不能准确测量和反映药品零售业的店铺形象。因此，本书根据探索性因子分析的结果将药品零售业的店铺形象测量维度调整为商品形象、服务形象、价格形象、便利形象、环境形象、促销形象、商誉形象共七个维度，其中，服务形象、商品形象和商誉形象三个维度对店铺形象的解释作用最大，价格形象和环境形象次之，促销形象和便利形象最小。验证性因子分析的结果也进一步表明，由这七个维度构成的测量体系更适合于药品零售业的店铺形象测评。

第二，提出了药品零售行业店铺形象对顾客品牌信任及忠诚影响机制的概念模型及其作用机理。本书将店铺形象作为自变量、品牌忠诚作为因变量，并以感知价值、顾客满意、品牌可靠性和品牌意图作为中介变量，构建了药品零售行业店铺形象对顾客品牌信任及忠诚影响机制的初始概念模型。通过结构方程的检验与修正后发现：店铺形象对顾客品牌忠诚不具有显著的直接正向影响作用，而是通过感知价值、顾客满意、品牌可靠性和品牌意图对顾客品牌忠诚起到间接的正向影响作用；店铺形象对顾客感知价值具有直接的正向影响作用；店铺形象对顾客满意不具有显著的直接正向影响作用；感知价值对品牌可靠性具有直接的正向影响作用；感知价值对品牌意图具有直接的正向影响作用；顾客满意对品牌可靠性具有直接的正向影响作用；顾客满意对品牌意图具有直接的正向影响作用；品牌可靠性对品牌忠诚具有直接的正向影响作用；品牌意图对品牌忠诚具有直接的正向影响作用；感知价值对顾客满意具有直接的正向影响作用等结论。其他的二级假设也均成立。

同时，本书通过正式研究样本分组数据对结构方程模型（修正后）的普适性分析，验证了本书提出的概念模型对药品零售行业的普适性。

在此基础之上，本书修正了药品零售行业店铺形象对顾客品牌信任及忠诚影响机制的初始概念模型，提出了修正后的概念模型。该模型能较好地诠释药品零售行业店铺形象对顾客品牌信任及忠诚影响的作用机理，即店铺形象提升，导致感知价值增加，进而导致顾客对药店品牌可靠性和意图的信任，从而导致顾客品牌忠诚；店铺形象提升，导致感知价值增加，从而导致顾客满意增加，进而导致顾客对药店品牌可靠性和意图的信任，从而赢得顾客品牌忠诚。

第三，产生了药品零售行业品牌信任的测评量表。本书在充分借鉴既有品牌信任实证研究测评量表的基础之上，结合药品零售行业的消费者访谈结果，通过探索性和验证性因子分析，探查了消费者品牌信任与其次级维度之间的层级关系，产生了在中国文化背景下的品牌信任由品牌可靠性和品牌意图构成的二维度测评量表。这些量表为今后进一步深入实证研究药品零售业品牌信任问题奠定了一定的基础或具有理论参考价值，也为实证研究其他零售业态的品牌信任问题提供有利的理论支持。

第四，拓宽了店铺形象与品牌信任及忠诚关系研究的视觉。本书关注的一个焦点问题是店铺形象能否充分解释直接单一作用于顾客品牌忠诚的机理问题。通过既有文献的研究发现，店铺形象是顾客品牌忠诚的一个重要影响因素，但不是唯一的因素。因此，本书将店铺形象、感知价值、顾客满意、品牌可靠性、品牌意图、品牌忠诚等予以整合，把感知价值、顾客满意、品牌可靠性、品牌意图作为中间调节变量来研究店铺形象和品牌忠诚的关系。这拓展了已有店铺形象与品牌忠诚关系研究的范围。

## 三、后续研究

本书的研究虽然取得了一些有意义的成果，但是由于研究条件、研究时间以及篇幅限制等因素，还存在以下有待改进之处：

### （一）研究样本的进一步改进

由于研究条件的限制、问卷调查本身的难度，使得本书的调查范围显得集中，样本缺乏多样性，调研的结果不能覆盖行业的全部顾客群体。本书探索性研究共计发放 360 份问卷，回收 279 份有效问卷；正式研究共发放 1600 份问卷，回收 1036 份有效问卷。两次调查的样本采集范围主要集中在四川、重庆、云南、贵州、上海、广东、湖北、北京、辽宁等地。因此，研究的结论在一定程度上可能受到这些样本的影响，研究的结果也可能出现以偏概全的问题。此外，研究样本的调查范围主要集中在药品零售竞争非常激烈的城市地区，而缺乏农村地区的研究样本。

### （二）研究内容的进一步扩充

由于研究时间、精力、财力及篇幅的限制，本书在研究药品零售行业店铺形象与品牌信任及忠诚关系时，仅引入了感知价值、顾客满意、品牌信任三个中介变量，并未考虑到顾客品牌信任倾向、品牌情感等对顾客品牌信任、品牌忠诚有调节作用的变量，这使得研究在广度上不够全面。此外，本书仅对感知价值、顾客满意与品牌忠诚进行了概括性的测量，未对其内部结构展开深入细致的分析。

另外，在本书研究过程中，发现有以下几个方面还需进一步地深入研究：

第一，店铺形象对品牌信任及品牌忠诚的影响是一个动态的过程。本书采用的时间横断调研法，为了准确计量店铺形象、感知价值、顾客满意、品牌信任与品牌忠诚及其关系，今后研究可以从时间纵向层面来进行样本设计和数据采集，通过比较不同时间点的样本数据来分析顾客相关行为前后的差异，进一步分析店铺形象对品牌信任及品牌忠诚的动态作用机理。

第二，对研究的概念模型进一步细化。增加顾客品牌态度、信任倾向、品牌情感的影响因素作为调节变量；同时，将感知价值细分为情感价值、时间价值、货币价值和成本价值，然后再验证模型的正确性。

第三，在相关已有研究成果的基础上，探寻店铺形象对顾客品牌忠诚、店铺形象对顾客满意不具有显著直接正向影响作用的原因；寻找便利形象、环境形象对药品零售行业顾客品牌忠诚解释作用很弱的原因。

第四，在承接既有研究的基础之上，按照零售业态的不同来研究店铺形象对顾客品牌信任及忠诚影响机制的关系。在条件成熟的情况下，可以选择大型超市、百货商店、购物中心以及网上商店等不同的零售业态，甚至可以选择餐饮服务、酒店服务等为行业背景来进行实证研究，对不同零售业态背景下的实证结果进行系统的分析比较，找出其中的异同之处，并寻求原因。之后对模型进行推广，并检验模型的普适性。

# 附录1　探索性调查问卷

## 店铺形象影响顾客品牌信任及忠诚度研究调查问卷

尊敬的女士/先生：

您好！我们来自四川大学工商管理学院，正在进行一项关于药店店铺形象与品牌信任关系的科学研究，希望了解您的真实想法。本问卷采取匿名的方式进行，绝不涉及您的任何单位和个人隐私，对于您的回答，我们仅用于学术研究，并且严格保密。本研究的目的是探讨店铺形象如何影响消费者品牌信任及忠诚，最终的目的是为药店更好地为消费者服务提供依据，问卷中的问题没有对与错之分，请您认真回答，这对研究结果的准确性非常重要。如果您对本项研究拥有浓厚的兴趣，请与本小组取得联系。最后，衷心感谢您对本研究的大力支持！

四川大学工商管理学院

第一部分　您的基本信息：

1. 您的性别是：①男　　　②女

2. 您的年龄是：①11～20岁　②21～30岁　③31～40岁　④41～50岁　⑤51～60岁　⑥61～70岁　⑦71岁及以上

3. 您的受教育程度是：①高中及以下　②中专　③大专　④本科　⑤研究生　⑥其他

4. 您的月收入大概是：①1000 元以下　②1001～2000 元　③2001～3000 元　④3001～4000 元　⑤4001～5000 元　⑥5001～6000 元　⑦6001～7000 元　⑧7001元及以上

5. 您的工作单位是：①外资企业　②政府部门　③事业单位　④国有企业　⑤民营企业　⑥其他单位

6. 您目前所居住的城市是：____________

7. 您经常光顾的药店品牌是：____________（例如：同仁堂、德仁堂、华安堂、同善堂、海王星辰、杏林大药房、太极大药房、康贝大药房等）

8. 您对您经常光顾的药店品牌信任吗？①信任　　②不信任

**注：选择①者继续作答，选择②者停止作答。**

以下是关于您对您经常光顾的品牌药店的店铺印象、感知价值、满意程度以及您对药店品牌信任及忠诚的问题，采用 7 级打分，1～7 依次表示您赞同的程度，4 表示不确定。请您根据相关问题并结合自己的实际情况选择您赞同的程度，并在相应的分数上打"√"，各分数的含义如下：

| 1 | 2 | 3 | 4 | 5 | 6 | 7 |
|---|---|---|---|---|---|---|
| 完全不同意 | 很不同意 | 有点不同意 | 不确定 | 有点同意 | 很同意 | 完全同意 |

第二部分　您对您经常光顾的品牌药店的店铺印象是：

| 题号 | 问题 | 完全不同意 | 很不同意 | 有点不同意 | 不确定 | 有点同意 | 很同意 | 完全同意 |
|---|---|---|---|---|---|---|---|---|
| Com1 | 该品牌药店的药品品种和种类很多 | 1 | 2 | 3 | 4 | 5 | 6 | 7 |
| Com2 | 该品牌药店所卖药品都是正规厂家生产的 | 1 | 2 | 3 | 4 | 5 | 6 | 7 |
| Com3 | 我所需要的品牌药品在该品牌药店基本上能够买到 | 1 | 2 | 3 | 4 | 5 | 6 | 7 |
| Com4 | 该品牌药店在通常情况下是不会销售假药的 | 1 | 2 | 3 | 4 | 5 | 6 | 7 |
| Sta1 | 该品牌药店的服务人员服务积极主动 | 1 | 2 | 3 | 4 | 5 | 6 | 7 |
| Sta2 | 该品牌药店的服务人员服务态度热情友好 | 1 | 2 | 3 | 4 | 5 | 6 | 7 |
| Sta3 | 该品牌药店的服务人员具有比较丰富的专业知识 | 1 | 2 | 3 | 4 | 5 | 6 | 7 |
| Sta4 | 该品牌药店的服务人员给我的建议值得考虑 | 1 | 2 | 3 | 4 | 5 | 6 | 7 |
| Pri1 | 该品牌药店的药品价格相对比较合理 | 1 | 2 | 3 | 4 | 5 | 6 | 7 |
| Pri2 | 该品牌药店的药品价格让我觉得很公道 | 1 | 2 | 3 | 4 | 5 | 6 | 7 |
| Pri3 | 该品牌药店的药品价格我能够接受 | 1 | 2 | 3 | 4 | 5 | 6 | 7 |
| Pri4 | 相对于其他药店，该品牌药店的药品价格并不高 | 1 | 2 | 3 | 4 | 5 | 6 | 7 |

续表

| 题号 | 问题 | 完全不同意 | 很不同意 | 有点不同意 | 不确定 | 有点同意 | 很同意 | 完全同意 |
|---|---|---|---|---|---|---|---|---|
| Con1 | 到达该品牌药店的距离很近 | 1 | 2 | 3 | 4 | 5 | 6 | 7 |
| Con2 | 到达该品牌药店的交通很便利 | 1 | 2 | 3 | 4 | 5 | 6 | 7 |
| Con3 | 该品牌药店的营业时间很便利，可以随时购买 | 1 | 2 | 3 | 4 | 5 | 6 | 7 |
| Con4 | 该品牌药店的结账很便利，有刷医保卡等多种结账方式 | 1 | 2 | 3 | 4 | 5 | 6 | 7 |
| Env1 | 该品牌药店附近和内部设施干净卫生 | 1 | 2 | 3 | 4 | 5 | 6 | 7 |
| Env2 | 该品牌药店内部空间宽阔明亮 | 1 | 2 | 3 | 4 | 5 | 6 | 7 |
| Rep1 | 该品牌药店有较高的知名度 | 1 | 2 | 3 | 4 | 5 | 6 | 7 |
| Rep2 | 该品牌药店有良好的信用 | 1 | 2 | 3 | 4 | 5 | 6 | 7 |
| Rep3 | 该品牌药店有较好的口碑 | 1 | 2 | 3 | 4 | 5 | 6 | 7 |
| Pro1 | 该品牌药店经常搞一些促销活动 | 1 | 2 | 3 | 4 | 5 | 6 | 7 |
| Pro2 | 该品牌药店的促销活动时间比较长 | 1 | 2 | 3 | 4 | 5 | 6 | 7 |
| Pro3 | 该品牌药店的促销方式灵活多样 | 1 | 2 | 3 | 4 | 5 | 6 | 7 |
| Pro4 | 该品牌药店参与促销的药品品种比较多 | 1 | 2 | 3 | 4 | 5 | 6 | 7 |
| Fac1 | 该品牌药店具有很好的休息设施 | 1 | 2 | 3 | 4 | 5 | 6 | 7 |
| Fac2 | 该品牌药店具有较好的诊断设施 | 1 | 2 | 3 | 4 | 5 | 6 | 7 |
| Cus1 | 该品牌药店可以退换药品 | 1 | 2 | 3 | 4 | 5 | 6 | 7 |
| Cus2 | 该品牌药店会进行售后跟踪服务 | 1 | 2 | 3 | 4 | 5 | 6 | 7 |

第三部分　您在您经常光顾的品牌药店购买药品后，感觉其价值是：

| 题号 | 问题 | 完全不同意 | 很不同意 | 有点不同意 | 不确定 | 有点同意 | 很同意 | 完全同意 |
|---|---|---|---|---|---|---|---|---|
| PV1 | 我认为在该品牌药店购买药品是物有所值的 | 1 | 2 | 3 | 4 | 5 | 6 | 7 |
| PV2 | 我认为在该品牌药店买药质量是有保证的 | 1 | 2 | 3 | 4 | 5 | 6 | 7 |
| PV3 | 与其他药店相比，在该品牌药店买药是比较划算的 | 1 | 2 | 3 | 4 | 5 | 6 | 7 |

第四部分　您在您经常光顾的品牌药店购买药品后，您的满意情况是：

| 题号 | 问题 | 完全不同意 | 很不同意 | 有点不同意 | 不确定 | 有点同意 | 很同意 | 完全同意 |
|---|---|---|---|---|---|---|---|---|
| CS1 | 对该品牌药店我总体上是满意的 | 1 | 2 | 3 | 4 | 5 | 6 | 7 |
| CS2 | 与我购买前的预期相比，我比较满意 | 1 | 2 | 3 | 4 | 5 | 6 | 7 |
| CS3 | 与我心目中的药店相比，我比较满意 | 1 | 2 | 3 | 4 | 5 | 6 | 7 |
| CS4 | 与到其他药店购买相比，我比较满意 | 1 | 2 | 3 | 4 | 5 | 6 | 7 |

第五部分　您对您经常光顾的品牌药店的品牌信任情况是：

| 题号 | 问题 | 完全不同意 | 很不同意 | 有点不同意 | 不确定 | 有点同意 | 很同意 | 完全同意 |
|---|---|---|---|---|---|---|---|---|
| BR1 | 该药店品牌能够满足我对药品购买的需求 | 1 | 2 | 3 | 4 | 5 | 6 | 7 |
| BR2 | 我对该药店品牌有信心 | 1 | 2 | 3 | 4 | 5 | 6 | 7 |
| BR3 | 该药店品牌没有让我失望 | 1 | 2 | 3 | 4 | 5 | 6 | 7 |
| BR4 | 该药店品牌总能让我满意 | 1 | 2 | 3 | 4 | 5 | 6 | 7 |
| BR5 | 该药店品牌是有较强实力的 | 1 | 2 | 3 | 4 | 5 | 6 | 7 |
| BI1 | 该药店品牌能真诚地处理我在购买药品中遇到的问题 | 1 | 2 | 3 | 4 | 5 | 6 | 7 |
| BI2 | 我可以依靠该药店品牌去解决与所售药品有关的问题 | 1 | 2 | 3 | 4 | 5 | 6 | 7 |
| BI3 | 该药店品牌会尽最大努力满足我的需求 | 1 | 2 | 3 | 4 | 5 | 6 | 7 |
| BI4 | 当所售药品出现问题时，该药店品牌会以某种方式补偿我 | 1 | 2 | 3 | 4 | 5 | 6 | 7 |
| BI5 | 该药店品牌是不会欺骗消费者的 | 1 | 2 | 3 | 4 | 5 | 6 | 7 |

第六部分　您对您经常光顾的品牌药店的品牌忠诚情况是：

| 题号 | 问题 | 完全不同意 | 很不同意 | 有点不同意 | 不确定 | 有点同意 | 很同意 | 完全同意 |
|---|---|---|---|---|---|---|---|---|
| BL1 | 如果需要购买药品，我会继续光顾该品牌药店 | 1 | 2 | 3 | 4 | 5 | 6 | 7 |
| BL2 | 我会向其他人推荐该品牌药店 | 1 | 2 | 3 | 4 | 5 | 6 | 7 |
| BL3 | 如果该品牌药店的药品价格在现有的基础上提高一点点，我仍会在该品牌药店购买药品 | 1 | 2 | 3 | 4 | 5 | 6 | 7 |
| BL4 | 只有在非常特殊的情况下我才会考虑选择去其他品牌药店购买药品 | 1 | 2 | 3 | 4 | 5 | 6 | 7 |

**问卷到此结束，再次对您的大力支持表示衷心的感谢！**

# 附录 2　正式调查问卷

## 店铺形象影响顾客品牌信任及忠诚度研究调查问卷

尊敬的女士/先生：

您好！我们来自四川大学工商管理学院，正在进行一项关于药店店铺形象与品牌信任关系的科学研究，希望了解您的真实想法。本问卷采取匿名的方式进行，绝不涉及您的任何单位和个人隐私，对于您的回答，我们仅用于学术研究，并且严格保密。本研究的目的是探讨店铺形象如何影响消费者品牌信任及忠诚，最终的目的是为药店更好地为消费者服务提供依据，问卷中的问题没有对与错之分，请您认真回答，这对研究结果的准确性非常重要。如果您对本项研究拥有浓厚的兴趣，请与本小组取得联系。最后，衷心感谢您对本研究的大力支持！

四川大学工商管理学院

第一部分　您的基本信息：

1. 您的性别是：①男　　　　②女

2. 您的年龄是：①11～20 岁　②21～30 岁　③31～40 岁　④41～50 岁　⑤51～60 岁　⑥61～70 岁　⑦71 岁及以上

3. 您的受教育程度是：①高中及以下　②中专　③大专　④本科　⑤研究生　⑥其他

4. 您的月收入大概是：①1000 元以下　②1001～2000 元　③2001～3000 元

④3001～4000 元　⑤4001～5000 元　⑥5001～6000 元　⑦6001～7000 元　⑧7001元及以上

5. 您的工作单位是：①外资企业　②政府部门　③事业单位　④国有企业　⑤民营企业　⑥其他单位

6. 您目前所居住的城市是：____________

7. 您经常光顾的药店品牌是：____________（例如：同仁堂、德仁堂、华安堂、同善堂、海王星辰、杏林大药房、太极大药房、康贝大药房等）

8. 您对您经常光顾的药店品牌信任吗？①信任　②不信任

**注：选择①者继续作答，选择②者停止作答。**

以下是关于您对您经常光顾的品牌药店的店铺印象、感知价值、满意程度以及您对药店品牌信任及忠诚的问题，采用 7 级打分，1～7 依次表示您赞同的程度，4 表示不确定。请您根据相关问题并结合自己的实际情况选择您赞同的程度，并在相应的分数上打“√”，各分数的含义如下：

| 1 | 2 | 3 | 4 | 5 | 6 | 7 |
|---|---|---|---|---|---|---|
| 完全不同意 | 很不同意 | 有点不同意 | 不确定 | 有点同意 | 很同意 | 完全同意 |

第二部分　您对您经常光顾的品牌药店的店铺印象是：

| 题号 | 问题 | 完全不同意 | 很不同意 | 有点不同意 | 不确定 | 有点同意 | 很同意 | 完全同意 |
|---|---|---|---|---|---|---|---|---|
| Com1 | 该品牌药店的药品品种和种类很多 | 1 | 2 | 3 | 4 | 5 | 6 | 7 |
| Com2 | 该品牌药店所卖药品都是正规厂家生产的 | 1 | 2 | 3 | 4 | 5 | 6 | 7 |
| Com3 | 我所需要的品牌药品在该品牌药店基本上能够买到 | 1 | 2 | 3 | 4 | 5 | 6 | 7 |
| Com4 | 该品牌药店在通常情况下是不会销售假药的 | 1 | 2 | 3 | 4 | 5 | 6 | 7 |
| Ser1 | 该品牌药店的服务人员服务积极主动 | 1 | 2 | 3 | 4 | 5 | 6 | 7 |
| Ser2 | 该品牌药店的服务人员服务态度热情友好 | 1 | 2 | 3 | 4 | 5 | 6 | 7 |
| Ser3 | 该品牌药店的服务人员具有比较丰富的专业知识 | 1 | 2 | 3 | 4 | 5 | 6 | 7 |
| Ser4 | 该品牌药店的服务人员给我的建议值得考虑 | 1 | 2 | 3 | 4 | 5 | 6 | 7 |
| Ser5 | 该品牌药店可以退换药品 | 1 | 2 | 3 | 4 | 5 | 6 | 7 |
| Ser6 | 该品牌药店会进行售后跟踪服务 | 1 | 2 | 3 | 4 | 5 | 6 | 7 |
| Pri1 | 该品牌药店的药品价格相对比较合理 | 1 | 2 | 3 | 4 | 5 | 6 | 7 |
| Pri2 | 该品牌药店的药品价格让我觉得很公道 | 1 | 2 | 3 | 4 | 5 | 6 | 7 |
| Pri3 | 该品牌药店的药品价格我能够接受 | 1 | 2 | 3 | 4 | 5 | 6 | 7 |
| Pri4 | 相对于其他药店，该品牌药店的药品价格并不高 | 1 | 2 | 3 | 4 | 5 | 6 | 7 |

续表

| 题号 | 问题 | 完全不同意 | 很不同意 | 有点不同意 | 不确定 | 有点同意 | 很同意 | 完全同意 |
|---|---|---|---|---|---|---|---|---|
| Con1 | 到达该品牌药店的距离很近 | 1 | 2 | 3 | 4 | 5 | 6 | 7 |
| Con2 | 到达该品牌药店的交通很便利 | 1 | 2 | 3 | 4 | 5 | 6 | 7 |
| Con3 | 该品牌药店的营业时间很便利，可以随时购买 | 1 | 2 | 3 | 4 | 5 | 6 | 7 |
| Con4 | 该品牌药店的结账很便利，可以刷医保卡等多种结账方式 | 1 | 2 | 3 | 4 | 5 | 6 | 7 |
| Env1 | 该品牌药店附近和内部设施干净卫生 | 1 | 2 | 3 | 4 | 5 | 6 | 7 |
| Env2 | 该品牌药店内部空间宽阔明亮 | 1 | 2 | 3 | 4 | 5 | 6 | 7 |
| Env3 | 该品牌药店具有很好的休息设施 | 1 | 2 | 3 | 4 | 5 | 6 | 7 |
| Env4 | 该品牌药店具有较好的诊断设施 | 1 | 2 | 3 | 4 | 5 | 6 | 7 |
| Rep1 | 该品牌药店有较高的知名度 | 1 | 2 | 3 | 4 | 5 | 6 | 7 |
| Rep2 | 该品牌药店有良好的信用 | 1 | 2 | 3 | 4 | 5 | 6 | 7 |
| Rep3 | 该品牌药店有较好的口碑 | 1 | 2 | 3 | 4 | 5 | 6 | 7 |
| Pro1 | 该品牌药店经常搞一些促销活动 | 1 | 2 | 3 | 4 | 5 | 6 | 7 |
| Pro2 | 该品牌药店的促销活动时间比较长 | 1 | 2 | 3 | 4 | 5 | 6 | 7 |
| Pro3 | 该品牌药店的促销方式灵活多样 | 1 | 2 | 3 | 4 | 5 | 6 | 7 |
| Pro4 | 该品牌药店参与促销的药品品种比较多 | 1 | 2 | 3 | 4 | 5 | 6 | 7 |

第三部分　您在您经常光顾的品牌药店购买药品后，感觉其价值是：

| 题号 | 问题 | 完全不同意 | 很不同意 | 有点不同意 | 不确定 | 有点同意 | 很同意 | 完全同意 |
|---|---|---|---|---|---|---|---|---|
| PV1 | 我认为在该品牌药店购买药品是物有所值的 | 1 | 2 | 3 | 4 | 5 | 6 | 7 |
| PV2 | 我认为在该品牌药店买药质量是有保证的 | 1 | 2 | 3 | 4 | 5 | 6 | 7 |
| PV3 | 与其他药店相比，在该品牌药店买药是比较划算的 | 1 | 2 | 3 | 4 | 5 | 6 | 7 |

第四部分　您在您经常光顾的品牌药店购买药品后，您的满意情况是：

| 题号 | 问题 | 完全不同意 | 很不同意 | 有点不同意 | 不确定 | 有点同意 | 很同意 | 完全同意 |
|---|---|---|---|---|---|---|---|---|
| CS1 | 对该品牌药店我总体上是满意的 | 1 | 2 | 3 | 4 | 5 | 6 | 7 |

续表

| 题号 | 问题 | 完全不同意 | 很不同意 | 有点不同意 | 不确定 | 有点同意 | 很同意 | 完全同意 |
|---|---|---|---|---|---|---|---|---|
| CS2 | 与我购买前的预期相比，我比较满意 | 1 | 2 | 3 | 4 | 5 | 6 | 7 |
| CS3 | 与我心目中的药店相比，我比较满意 | 1 | 2 | 3 | 4 | 5 | 6 | 7 |
| CS4 | 与到其他药店购买相比，我比较满意 | 1 | 2 | 3 | 4 | 5 | 6 | 7 |

第五部分　您对您经常光顾的品牌药店的品牌信任情况是：

| 题号 | 问题 | 完全不同意 | 很不同意 | 有点不同意 | 不确定 | 有点同意 | 很同意 | 完全同意 |
|---|---|---|---|---|---|---|---|---|
| BR1 | 我对该药店品牌有信心 | 1 | 2 | 3 | 4 | 5 | 6 | 7 |
| BR2 | 该药店品牌没有让我失望 | 1 | 2 | 3 | 4 | 5 | 6 | 7 |
| BR3 | 该药店品牌总能让我满意 | 1 | 2 | 3 | 4 | 5 | 6 | 7 |
| BR4 | 该药店品牌是有较强实力的 | 1 | 2 | 3 | 4 | 5 | 6 | 7 |
| BI1 | 该药店品牌能真诚地处理我在购买药品中遇到的问题 | 1 | 2 | 3 | 4 | 5 | 6 | 7 |
| BI2 | 我可以依靠该药店品牌去解决与所售药品有关的问题 | 1 | 2 | 3 | 4 | 5 | 6 | 7 |
| BI3 | 该药店品牌会尽最大努力满足我的需求 | 1 | 2 | 3 | 4 | 5 | 6 | 7 |
| BI4 | 当所售药品出现问题时，该药店品牌会以某种方式补偿我 | 1 | 2 | 3 | 4 | 5 | 6 | 7 |

第六部分　您对您经常光顾的品牌药店的品牌忠诚情况是：

| 题号 | 问题 | 完全不同意 | 很不同意 | 有点不同意 | 不确定 | 有点同意 | 很同意 | 完全同意 |
|---|---|---|---|---|---|---|---|---|
| BL1 | 如果需要购买药品，我会继续光顾该品牌药店 | 1 | 2 | 3 | 4 | 5 | 6 | 7 |
| BL2 | 我会向其他人推荐该品牌药店 | 1 | 2 | 3 | 4 | 5 | 6 | 7 |
| BL3 | 如果该品牌药店的药品价格在现有的基础上提高一点点，我仍会在该品牌药店购买药品 | 1 | 2 | 3 | 4 | 5 | 6 | 7 |
| BL4 | 只有在非常特殊的情况下我才会考虑选择去其他品牌药店购买药品 | 1 | 2 | 3 | 4 | 5 | 6 | 7 |

**问卷到此结束，再次对您的大力支持表示衷心的感谢！**

# 参考文献

[1] 杜向荣. 服务营销理论与实务[M]. 北京：清华大学出版社，2009.

[2] [美] 科特勒，凯勒. 营销管理[M]. 王永贵等译. 上海：格致出版社，2009.

[3] 郭洪. 品牌营销学[M]. 成都：西南财经大学出版社，2006.

[4] Brown G. H.. Brand Loyalty – Fact or Fiction? [J]. Advertising Age, 1952, 23 (25): 53 – 55.

[5] Lawrence R.. Patterns of Buyer Behavior: Time for a New Approach? [J]. Journal of Marketing Research, 1969, 5 (6): 137 – 144.

[6] Robert C. B., Subrata K. S.. Market Segments and Stochastic Brand Choice Models [J]. Journal of Marketing Research, 1976, 2 (13): 34 – 45.

[7] Day George S.. A Two – Dimensional Concept of Brand Loyalty [J]. Journal of Advertising Research, 1969, 9 (3): 29 – 35.

[8] Shanker V., Smith A., Rangaswamy A.. Customer Satisfaction and Loyalty in Online and Offline Environments [R]. Working Paper, Business Research Center, 2000 (October).

[9] 齐佳音，万岩，云涛. 客户关系管理[M]. 北京：北京邮电大学出版社，2009.

[10] Jacoby J.. A Model of Multi – brand Loyalty [J]. Journal of Advertising Research, 1971 (3): 29 – 25.

[11] 徐健，汪旭晖. 服务接触中的体验价值对零售顾客忠诚的影响机理——基于大型百货店消费者的实证研究[J]. 营销科学学报，2009，5 (4): 17 – 37.

[12] Cardozo R. M.. An Experimental Study of Consumer Effort, Expectation

and Satisfaction [J]. Journal of Marketing Research, 1965, 2 (8): 244 -249.

[13] 郭国庆. 营销理论发展史[M]. 北京: 人民大学出版社, 2009.

[14] 周建设. 顾客体验对品牌关系的影响研究[M]. 北京: 经济管理出版社, 2010.

[15] Reichheld F.. Loyalty Based Management [J]. Harvard Business Review, 1993 (3): 64 -73.

[16] Jones T. O., Sasser W. E. Jr.. Why Satisfiesd Customer Defect [J]. Harvard Business Review, 1995 (6): 88 -101.

[17] Torsten J. G., Wolfgang R., Andreas S.. Customer Retention, Loyalty and Satisfaction in the German Mobile Cellular Telecommunications Marker [J]. Telecommunications Policy, 2001 (25): 23 -38.

[18] 梁威. 顾客承诺的构成维度驱动因素及其对品牌忠诚的影响研究——来自咖啡连锁店的实证分析[D]. 上海: 复旦大学博士学位论文, 2008.

[19] Thorsten H. T., Alexander K.. The Impact of Customer Satisfaction and Relationship Quality on Customer Retention: A Critical Reassessment and Model Develop ment [J]. Psychology and Marketing, 1997, 14 (8): 737 -764.

[20] Li Fuan, Zhou Nan, Kashyap R., Yang Zhilin. Brand Trust as a Second -order Factor: An Alternative Measurement Model [J]. International Journal of Market Research, 2008, 50 (6): 817 -839.

[21] 毕振力. 消费者品牌关系模型整合与实证研究[M]. 北京: 经济科学出版社, 2010.

[22] Kunkel John H., Berry Leonard L.. A Behavioral Conception of Retail Image [J]. Journal of Marketing, 1968, 32 (10): 21 - 27.

[23] Dodds W. B., Grewal Monroe D.. Effects of Price, Brand and Store Information on Buyers' Product Evaluation [J]. Journal of Marketing Research, 1991, 28 (9): 456 - 460.

[24] Grewal. The Effect of Store Name, Brand Name and Price Discounts on Consumers' Evaluations and Purchase Intentions [J]. Journal of Retailing, 1998 (8): 331 - 352.

[25] 吴泗宗, 施蕾. 体验经济模式下百货商店顾客忠诚驱动模型研究[J]. 当代财经, 2010 (7): 63 -70.

［26］陈文玲等．药品现代流通研究报告［M］. 北京：中国经济出版社，2010.

［27］国家商务部．全国药品流通行业发展规划纲要（2011~2015年）［Z］．商务部官网，2011.

［28］人民网．药品市场问卷调查结果出炉百姓买药最看重什么？［Z］．人民网，2009-03-16.

［29］汪旭晖，陆奇斌．店铺形象维度对顾客满意度的影响机制研究——基于大型综合超市的实证［J］. 营销科学学报，2007（3）：54-66.

［30］杨宜苗，夏春玉．店铺印象维度对顾客感知价值与交叉购买意愿的影响研究［J］. 营销科学学报，2009（3）：17-37.

［31］吴锦峰．商店形象维度对零售品牌权益影响的实证研究［J］. 管理评论，2009（7）：65-73.

［32］汪旭晖，徐健．在华跨国零售企业店铺形象维度与顾客忠诚关系的实证研究［J］. 北京工商大学学报（社会科学版），2010，25（2）：17-27.

［33］胡抚生．旅游目的地形象对游客推荐意愿、支付意愿的影响研究：以杭州为例［D］. 杭州：浙江大学博士学位论文，2009.

［34］王逸杰．现代汉语辞海［M］. 北京：光明日报出版社，2002.

［35］车云峰，陈凯．牛津现代英汉双解词典［M］. 北京：外语教学与研究出版社，2003.

［36］杨宜苗．店铺形象、感知价值与交叉购买意愿模型与实证［M］. 大连：东北财经大学出版社，2010.

［37］Davies G.，Brooks J.. Positioning Strategy in Retailing［M］. London：Paul Chapman Publishing，1989（10）：52-55.

［38］Newman J. W.. New Insight，New Progress for Marketing［J］. Harvard Business Review，1957（10/11）：95-102.

［39］Herzog H.. Behavioral Science Concepts for Analyzing the Consumer［J］. Marketing and the Behavioral Sciences，1963（10）：76-86.

［40］Pohlman A.，Mudd S.. Market Image as a Function of Group and Product Type：A Quantitative Approach［J］. Journal of Applied Psychology，1973，57（2）：161-171.

［41］Frazer C. F.. Creative Strategy：A Management Perspective［J］. Journal of

Advertising, 1983, 12 (4): 36 –41.

[42] Sirgy M. J.. Using Self – congruity and Ideal Congruity to Predict Purchase Motivation [J]. Journal of Business Research, 1985 (13): 195 –206.

[43] Hendon D. W., Williams E. L.. Winning the Battle for Your Customer [J]. Journal of Consumer Marketing, 1985, 2 (4): 65 –75.

[44] Debevec K. and Iyer E.. The Influence of Spokespersons in Alerting a Pro duct's Gender Image: Implications for Advertising Effectiveness [J]. Journal of Advertising, 1986, 15 (4): 12 –19.

[45] Martineau P.. The Personality of the Retail Store [J]. Harvard Business Review, 1958 (36): 47 –55.

[46] Arons L.. Does TV Viewing Influence Store Image and Shopping Frequency? [J]. Journal of Retailing, 1961 (37): 1 –13.

[47] Berry L. L.. The Components of Department Store Image: A Theoretical and Empirical Analysis [J]. Journal of Retailing, 1969, 45 (1): 3 –20.

[48] Lindquist J. D.. Meaning of Image: A Survey of Empirical and Hypothetical Evidence [J]. Journal of Retailing, 1974, 50 (4): 29 –38.

[49] Jain A. K. and Etgar M.. Measuring Store Image through Multidimensional Scaling of Free Response Data [J]. Journal of Retailing, 1976, 52 (4): 61 –70.

[50] Thang D. C. L., Tan B. L. B.. Linking Consumer Conception to Preference of Retailing Stores: An Empirical Assessment of the Multi – attributes of Store Image [J]. Journal of Retailing and Consumer Services, 2003, 10 (4): 193 –200.

[51] Amirani S. and Gates R.. An Attribute – anchored Conjoint Approach to Measuring Store Image [J]. International Journal of Retail & Distribution Management, 1993, 21 (5): 30 –39.

[52] Wyckham R. G.. Consumer Image of Retail Institution, Handbook of Marketing Research [M]. New York: MeGraw Hill, 1974: 28 –42.

[53] Oxenfeldt A. R.. Thinking through the Potential – profits Question [J]. Management Review, 1974, 63 (2): 16 –25.

[54] James D. L., Durand R. M. and Dreves R.. The Use of a Multi – attribute Model in a Store Image Study [J]. Journal of Retailing, 1976, 52 (2): 23 –34.

[55] Bearden W. O.. Determinant Attributes of Store Patronage: Downtown Ver-

sus Outlying Shopping Centers [J]. Journal of Retailing, 1977, 53 (2): 15 -22.

[56] Hirschman E.. Retail Research and Theory [A] . In Enis, B. M. and Roering, K. J. (Eds.), Review of Marketing [C] . American Marketing Association, Chicago, IL. 1981.

[57] Mueller S., Beeskow W.. Store Image and Store Choice [J]. Jahrbuch der Absatz - und Verbrauchsforschung, 1982, 28 (4): 400 -426.

[58] Dichter E.. What is in an Image [J]. The Journal of Consumer Marketing, 1985, 37 (4): 75 -81.

[59] Kapferer J. N.. Beyond Positioning: Retailer's Identity, Retail Strategies for Profit and Growth, Seminar Proceedings [J] . ESOMAR, Amsterdam, 1986 (1): 67 -75.

[60] Mazursky D. and Jacoby J.. Exploring the Development of Store Images [J]. Journal of Retailing, 1986, 62 (2): 145 -165.

[61] Ghosh A.. Retail Management [M]. Chicago: The Dryden Press, 1990.

[62] Steenkamp J. - B. E. and Wedel M.. Segmenting Retail Markets on Store Image: Using a Consumer Brand Methodology [J]. Journal of Retailing, 1991, 67 (3): 300 -320.

[63] Keaveney S. M. and Hunt K. A.. Conceptualization and Operationalization of Retail Store Image: A Case of Rival Middle - level Theories [J]. Journal of the Academy of Marketing Science, 1992, 20 (2): 165 -175.

[64] Osman M. Z.. A Conceptual Model of Retail Image Influences on Loyalty Patronage Behavior [J]. The International Review of Retail, Distribution and Consumer Research, 1993, 3 (2): 105 -122.

[65] Engel J. F., Blackwell R. D., Miniard P. W.. Consumer Behavior (8th ed) [M]. Orlando: Dryden, Forida: Dryden Press, 1995.

[66] Bloemer J., Ruyter K.. On the Relationship between Store Image, Store Satisfaction and Store Loyalty [J]. European Journal of Marketing, 1998, 32 (5/6): 499 -513.

[67] Berman B., Evans J. R.. Retail Management, 7th edition (Upper Saddle River, NJ: Prentice Hall), 1998.

[68] Nguyen N., Leblanc G.. The Mediating Role of Corporate Image on Cus-

tomers' Retention Decisions: An Investigation in Financial Service [J]. The International Journal of Bank Marketing, 2001, 16 (2): 52 -65.

[69] Grewal D., Baker J., Levy M. and Voss G. B.. The Effects of Wait Expectations and Store Atmosphere Evaluations on Patronage Intentions in Service - intensive Retail Stores [J]. Journal of Retailing, 2003, 79 (4): 259 -268.

[70] Chang Chih - Hon, Tu Chia - Yu. Exploring Store Image, Customer Satisfaction and Customer Loyalty Relationship: Evidence from Taiwanese Hypermarket Industry [J]. The Journal of American Academy of Business, Cambridge, 2005, 7 (2): 197 -202.

[71] Moore R. S., Kinard B. R., Moore M. L.. The Carry - Over Effects of a Physical Store's Image on Its Ecommerce Distribution Channel [J]. Marketing Management Journal, 2005, 15 (1): 59 -68.

[72] Burt S., Mavrommatis A.. The International Transfer of Store Brand Image [J]. International Review of Retail, Distribution & Consumer Research, 2006, 16 (4): 395 -413.

[73] Herstein R., Vilnai - Yavetz I.. Household Income and the Perceived Importance of Discount Store Image Components. International Review of Retail [J]. Distribution & Consumer Research, 2007, 17 (2): 177 -202.

[74] Burt S., Johansson U., Thelander A.. Retail Image as Seen through Consumers' Eyes: Studying International Retail Image through Consumer Photographs of Stores [J]. International Review of Retail, Distribution & Consumer Research, 2007, 17 (5): 447 -467.

[75] Nijssen E. J., Douglas S. P.. Consumer World - Mindedness, Social - Mindedness, and Store Image [J]. Journal of International Marketing, 2008, 16 (3): 84 -107.

[76] Borna S., Stearns J. M. S., Smith B., Emamalizadeh K.. Retail Store Image, Bona Fide Occupational Qualifications, and Job Discrimination: Establishing the Essence of the Business for Retail Organizations [J]. Marketing Management Journal, 2008, 18 (1): 54 -62.

[77] Theodoridis P. K., Chatzipanagiotou K. C.. Store Image Attributes and Customer Satisfaction across Different Customer Profiles within the Supermarket Sector in

Greece [J]. European Journal of Marketing, 2009, 43 (5/6): 708 – 734.

[78] 江明华，郭磊．店铺形象与自有品牌感知质量的实证研究[J]．经济科学，2003 (4): 119 – 128.

[79] 朱瑞庭，许林峰．商店形象的理论、模型及评估[J]．商业经济与管理，2004 (2): 28 – 31.

[80] 吴长顺，范士平．百货商店与综合超市形象影响因素差异性研究[J]．现代管理科学，2004 (8): 42 – 44.

[81] Zimmer M. R., Golden L. L.. Impressions of Retail Stores: A Content Analysis of Consumer Images [J]. Journal of Retailing, 1988, 64 (3): 265 – 293.

[82] Fisk G. I.. A Conceptual Model for Studying Customer Image [J]. Journal of Retailing, 1961 (37): 1 – 8.

[83] Oppewal H., Timmermans H.. Retailer Self – perceived Store Image and Competitive Position [J]. The International Review of Retail, Distribution and Consumer Research, 1997, 7 (1): 41 – 58.

[84] Pessemier E. A.. Store Image and Positioning [J]. Journal of Retailing, 1980, 56 (1): 94 – 106.

[85] Jacoby J., Mazursky D.. Linking Brand and Retailer Images – do the Potential Risks Outweigh the Potential Benefits? [J]. Journal of Retailing, 1984, 60 (2): 105 – 122.

[86] Peterson R. A. and Kerin R. A.. Store Image Measurement in Patronage Research: Fact and Artifact [A]. In: W. R. Darden (Ed.), Patronage Behavior and Retail Management [C]. New York: North – Holland, 1983.

[87] Wu B., Petroshius S. and Newell S.. The Impact of Store Image, Frequency of Discount, and Discount Magnitude on Consumers' Value Perceptions and Search Intention [J]. Marketing Management Journal, 2004, 14 (1): 14 – 29.

[88] Teas R. K.. Retail Services Image Measurement: An Examination of the Stability of a Numerical Comparative Scale [J]. The International Review of Retail, Distribution and Consumer Research, 1994, 4 (4): 427 – 442.

[89] Westbrook R. A., Black W. C.. A Motivation – based Shopper Typology [J]. Journal of Retailing, 1985 (61): 78 – 103.

[90] Jarratt D. G.. A Shopper Taxonomy for Retail Development [J]. The International

Review of Retail, Distribution and Consumer Research, 1996, 6 (2): 196 –215.

[91] Hartman K. B. , Spiro R. L. . Recapturing Store Image in Customer – based Store Equity: A Construct Conceptualization [J]. Journal of Business Research, 2005 (58): 1112 –1120.

[92] Dennis M. , Norbert F. . Altemative Semantic Scaling Formats for Measuring Store: An Evaluation [J]. Journal of Marketing Research, 1964, 9 (2): 80 –87.

[93] Rich S. , Portis B. . The Imageries of Department Stores [J]. Journal of Marketing, 1964 (28): 10 –15.

[94] Stephenson R. P. , Willett R. P. . Analysis of Consumer's Retail Patronage Strategies [J]. In P. R. McDonald (Ed. ), Marketing Involvement in Society and Economy, Chicago: American Marketing Association, 1969: 316 –322.

[95] Doyle F. . Shopping Habits in Groeery Chains [J]. Journal of Retailing, 1974 (50): 39 –52.

[96] Hansen R. A. , Deutscher T. . An Empirical Investigation of Attribute Importance in Retail Store Selection [J]. Journal of Retailing, 1977, 53 (4): 67 –87.

[97] Menezes D. , Elbert N. F. . Alternative Semantic Scaling Formats for Measuring Store Image: An Evaluation [J]. Journal of Marketing Research, 1979, 16 (2): 80 –87.

[98] Wagner J. , Ettenson R. , Parrish J. . Vendor Selection among Retail Buyers: An Analysis by Merchandise Division [J]. Journal of Retail, 1989, 65 (1): 58 –79.

[99] Louviere J. J. , Johnson R. D. . Reliability and Validity of the Brand – Anchored Conjoint Approach to Measuring Retailer Images [J]. Journal of Retailing, 1990, 66 (4): 359 –382.

[100] Reardon J. , Miller C. E. , Coe B. . Applied Scale Development: Measurement of Store Image [J]. Journal of Applied Business Research, 1995, 11 (4): 85 –93.

[101] Berman Barry, Evans J. R. . Retail Management: A Strategic Approach [M]. New York: Macmillan Publish Co. Inc. , 1995.

[102] Chowdhury J. , Reardon J. , Srivastava R. . Altemative Modes of Measuring Store Image: An Empirical Assessment of Structured Versus Unstructured Measures [J]. Journal of Marketing Theory and Practice, 1998 (6): 72 –86.

[103] Sirohi N., McLaughlin E. W., Wittink D.. A Model of Consumer Perceptions and Store Loyalty Intentions for a Supermarket Retailer [J]. Journal of Retailing, 1998, 74 (2): 223 -245.

[104] Samli A. C., Kelly J. P., Hunt K.. Improving the Retail Performance by Contrasting Management and Customer - Percived Store Images: A Dagnostic Tool for Corrective Action [J]. Journal of Business Research, 1998, 43 (1): 27 -38.

[105] Burt S., Carralero - Encinas J.. The Role of Store Image in Retail Internationalisation [J]. International Marketing Review, 2000, 17 (4/5): 433 -453.

[106] Wong J. K., Teas R. K.. A Test of the Stability of Retail Store Image Mapping Based on Multientity Scaling Data [J]. Journal of Retailing and Consumer and Services, 2001 (8): 61 -70.

[107] Wang Yonggui, Hing - Po Lo, Yongheng Yang. An Integrated Framework for Service Quality, Customer Value. Satisfaction: Evidence from China's Telecommunication Industry [J]. Information Systems Frontiers, 2004, 6 (4): 325 -340.

[108] Hanna N., R. Wozniak. Consumer Behavior—An Applied Approach [M]. New Jersey: Prentice Hall, 2001.

[109] Byoungho Jin, Jai - Ok Kim. Discount Store Retailing in Korea: Shopping Excitement, Shopping Motives, and Store Attributes [D]. Aubum University, 2001.

[110] Wong J. K. M.. Consumers' Perception of Store Image of Joint Venture Shopping Centres: First - tier Versus Second - tier Cities in China [J]. Journal of Retailing and Consumer Services, 2003 (10): 61 -70.

[111] Dong - Mo Koo. Inter - Relationships among Store Images, Store Satisfaction, and Store Loyalty among Korea Discount Retail Patrons [J]. Asia Pacific Journal of Marketing and Lonistics, 2003, 15 (4): 42 -71.

[112] Vahie A., Paswan A.. Private Label Brand Image: Its Relationship with Store Image and National Brand [J]. International Journal of Retail & Distribution Management, 2006, 34 (1): 67 -84.

[113] Zee - Sun Yun, Linda K. Good. Developing Customer Loyalty from E - tail Store Image Attributes [J]. Managing Service Quality, 2007, 17 (1): 4 -22.

[114] Orth U. R., Green M. T.. Consumer Loyalty to Family Versus Non - family Business: The Roles of Store Image, Trust and Satisfaction [J]. Journal of Retailing

and Consumer Services, 2009 (8): 248 – 259.

[115] Amit S. and Toby M., Jayesh P. A., Ruchi T.. Building Store Brands Using Store Image Differentiation [J]. Journal of Indian Business Research, 2010, 2 (3): 166 – 180.

[116] Hsu M. K., Huang Yinghua, Swanson S.. Grocery Store Image, Travel Distance, Satisfaction and Behavioral Intentions: Evidence from a Midwest College Town [J]. International Journal of Retail & Distribution Management, 2010, 38 (2): 115 – 132.

[117] 顾庆良，严巍．我国两类超级零售商店消费者购物兴奋情绪比较研究[J]．东华大学学报（社会科学版），2004 (1): 30 – 40.

[118] 王正选，祁红波．商店形象及其影响因素的关联性分析[J]．北京工业大学学报（社会科学版），2006, 6 (2): 21 – 24.

[119] 宋思根．零售商店形象属性维度的实证研究[J]．北京工商大学学报（社会科学版），2006, 21 (4): 8 – 11.

[120] 汪旭晖．店铺形象对自有品牌感知与购买意向的影响研究[J]．财经问题研究，2007, 285 (8): 77 – 83.

[121] May E. G.. Image Evaluation of a Department Store [R]. Cambridge, MA: Marketing Science Institute, 1971.

[122] McDougall G. H. G., Fry J. N.. Combining Two Methods of Image Measurement [J]. Journal of Retailing, 1974 (50): 53 – 61.

[123] Collazzo C. J.. Consumer Attitudes and Frustrations in Shopping [R]. New York: National Retail Merchandise Association, 1963.

[124] Mitchell V. W.. Re – conceptualizing Consumer Store Image Processing Using Perceived Risk [J]. Journal of Business Research, 2001 (54): 167 – 172.

[125] Marks R. B.. Operationalizing the Concept of Store Image [J]. Journal of Retailing, 1976, 52 (3): 37 – 46.

[126] Finn A., Louviere J. J.. Shopping Center Image, Consideration and Choice: Anchor Store Contribution [J]. Journal of Business Research, 1996 (35): 241 – 251.

[127] Gentry J. W., Burns A. C.. How Important Are Evaluative Criteria in Shopping Center Patronage? [J]. Journal of Retailing, 1978 (53): 73 – 86.

[128] 白春阳．现代社会信任问题研究[M]．北京：中国社会出版社，2009.

[129] 张缨．信任、契约及其规制——转型期中国企业间信任关系及其结构重组研究[D]. 北京：中国社会科学院研究生院博士学位论文，2001.

[130] 金玉芳．消费者品牌信任研究[D]. 大连：大连理工大学博士学位论文，2005.

[131] Kumar N.. The Power of Trust in Manufacturer – Retailer Relationships [J]. Harvard Business Review, 1996 (74): 92 – 106.

[132] Dwyer R. F., Schurr P. H., Oh S.. Developing Buyer – seller Relationships [J]. Journal of Marketing, 1987, 51 (3): 22 – 27.

[133] Moorman C., Deshpande R. & Zaltman G.. Factors Affecting Trust in Market Research Relationships [J]. Journal of Marketing, 1993, 57 (1): 81 – 101.

[134] Doney P. M., Cannon J. P.. An Examination of the Nature of Trust in Buyer – seller Relationships [J]. Journal of Marketing, 1997, 61 (2): 35 – 51.

[135] Sirdeshmukh D., Singh J., Sabol B.. Consumer Trust, Value, and Loyalty in Relational Exchanges [J]. Journal of Marketing, 2002, 66 (1): 15 – 37.

[136] Wang Y. D., Emurian H. H.. An Overview of Online Trust: Concepts, Elements, and Implications [J]. Computers in Human Behavior, 2005 (21): 105 – 125.

[137] 唐嘉庚．互动性对 B2C 环境下信任及购买行为倾向影响[M]. 北京：经济科学出版社，2007.

[138] Husted B.. The Ethical Limits of Trust in Business Relations [J]. Business Ethics Quarterly, 1998, 8 (2): 233 – 248.

[139] Ganesan S.. Determinates of Long – term Orientation in Buyer – seller Relationships [J]. Journal of Marketing, 1994, 58 (4): 1 – 19.

[140] Morgan R. M., Hunt S. D.. The Commitment – trust Theory of Relationship Marketing [J]. Journal of Marketing, 1994, 58 (3): 20 – 38.

[141] Garbarino E., Johnson M. S.. The Different Roles of Satisfaction, Trust, and Commitment in Customer Relationships [J]. Journal of Marketing, 1999, 63 (4): 70 – 87.

[142] Grayson K., Johnson D., Chen D. – F. R.. Is Firm Trust Essential in a Trusted Environment? How Trust in the Business Context Influences Customers [J]. Journal of Marketing Research, 2008, 45 (2): 241 – 256.

[143] Schlosser A. E., White T. B., Lloyd S. M.. Converting Web Site Visitors

into Buyers: How Web Site Investment Increases Consumer Trusting Beliefs and Online Purchase Intentions [J]. Journal of Marketing, 2006, 70 (2): 133 - 148.

[144] Brodie R. J. , Whittome J. R. M. , Brush G. J. . Investigating the Service Brand: A Customer Value Perspective [J]. Journal of Business Research, 2009, 62 (3): 345 - 355.

[145] John G. , Reve T. . The Reliability and Validity of Key Informant Data from Dyadic Relationships in Marketing Channels [J]. Journal of Marketing Research, 1982 (19): 517 - 524.

[146] Schurr P. H. , Ozanne J. L. . Influences on Exchange Processes: Buyers' Preconceptions of a Seller's Trustworthiness and Bargaining Toughness [J]. Journal of Consumer Research, 1985, 11 (4): 939 - 953.

[147] Dwyer F. R. , Oh S. . Output Sector Munificence Effects on the Internal Political Economy of Marketing Channels [J]. Journal of Marketing Research, 1987 (24): 347 - 358.

[148] Anderson E. , Lodish L. M. , Weitz B. A. . Resource Allocation Behavior in Conventional Channels [J]. Journal of Marketing Research, 1987 (24): 85 - 97.

[149] Gronhaug K. , Haugland S. A. . Perceived Trust and Formalization in International Market Relationships [R]. In: Proceedings of the 17th Annual Conference of the European Marketing Academy, 1988 (6): 248 - 269.

[150] Anderson E. , Weitz B. . Determinants of Continuity in Conventional Industrial Channel Dyads [J]. Marketing Science, 1989, 8 (4): 310 - 323.

[151] Crosby L. A. , Evans K. R. , Cowles D. . Relationship Quality in Services Selling: An Interpersonal Influence Perspective [J]. Journal of Marketing, 1990 (54): 68 - 81.

[152] Scheer L. K. , Stern L. W. . The Effect of Influence Type and Performance Outcomes on Attitude toward the Influencer [J]. Journal of Marketing Research, 1992 (29): 128 - 142.

[153] Moorman C. , Zaltman G. , Deshpande R. . Relationships between Providers and Users of Market Research: The Dynamics of Trust within and between Organizations [J]. Journal of Marketing Research, 1992, 29 (3): 314 - 328.

[154] Geyskens I. , Steenkamp J. - B. E. M. . An Investigation into the Joint

Effects of Trust and Interdependence on Relationship Commitment [R]. In: Proceedings of the 24th Annual Conference of the European Marketing Academy, 1995 (8): 351 -371.

[155] Andaleeb S. S.. Dependence Relations and the Moderating Role of Trust: Implications for Behavioral Intentions in Marketing Channels [J]. International Journal of Research in Marketing, 1995, 12 (2): 157 -172.

[156] Aulakh P. S., Kotabe M., Sahay A.. Trust and Performance in Crossborder Marketing Partnerships: A Behavioral Approach [J]. International Business Studies, 1996, 27 (5): 1005 -1032.

[157] Chow S., Holden R.. Toward an Understanding of Loyalty: The Moderating Role of Trust [J]. Journal of Managerial Issues, 1997, 9 (3): 275 -298.

[158] Sako M., Helper S.. Determinants of Trust in Supplier Relations: Evidence from the Automotive Industry in Japan and the United States [J]. Journal of Economic Behavior and Organization, 1998, 34 (3): 387 - 417.

[159] Zaheer A., McEvily B., Perrone V.. Does Trust Matter? Exploring the Effects of Interorganizational and Interpersonal Trust on Performance [J]. Organization Science, 1998, 9 (2): 141 -159.

[160] Young - Ybarra C., Wiersema M. F.. Strategic Flexibility in Information Technology Alliances: The Influence of Transaction Costeconomics and Social Exchange Theory [J]. Organization Science, 1999, 10 (4): 439 - 459.

[161] Plank R. E., Reid D. A., Pullins E. B.. Perceived Trust in Business to Business Sales: A New Measure [J]. Journal of Personal Selling and Sales Management, 1999, 19 (3): 61 -71.

[162] Dyer J. H., Chu W.. The Determinants of Trust in Supplier Automaker Relationships in the US, Japan, and Korea [J]. Journal of International Business Studies, 2000, 31 (2): 259 -285.

[163] Gassenheimer J. B., Manolis C.. The Influence of Product Customization and Supplier Selection on Future Intentions: The Mediating Effects of Salesperson and Organizational Trust [J]. Journal of Managerial Issues, 2001, 13 (4): 418 - 435.

[164] Mollering G.. Perceived Trustworthiness and Inter - firm Governance: Empirical Evidence from the UK Printing Industry [J]. Cambridge Journal of Economics,

2002, 26 (2): 139 -160.

[165] Norman P. M.. Protecting Knowledge in Strategic Alliances: Resource and Relational Characteristics [J]. Journal of High Technology Management Research, 2002, 13 (2): 177 - 202.

[166] Coote L., Forrest E. J., Tam T. W.. An Investigation into Commitment in Non - Western Industrial Marketing Relationships [J]. Industrial Marketing Management, 2003, 32 (7): 595 -604.

[167] Kumra R., Mittal R. K.. Trust and Its Determinants in Internet Banking: A Study of Private Sector Banks in India [J]. Decision, 2004, 31 (1): 73 -96.

[168] Kantsperger R., Kunz W. H.. Consumer Trust in Service Companies: A Multiple Mediating Analysis [J]. Managing Service Quality, 2010, 20 (1): 4 -25.

[169] Hiscock, Jennifer. Most Trusted Brands [J]. Marketing, 2001, 3 (1): 32 -33.

[170] Selnes F.. Antecedents and Consequences of Trust and Satisfaction in Buyer Seller Relationship [J]. European Journal of Marketing, 1998, 32 (3/4): 305 -322.

[171] Singh J., Sirdeshmukh D.. Agency and Trust Mechanisms in Consumer Satisfaction and Loyalty Judgments [J]. Journal of the Academy of Marketing Science, 2000, 28 (1): 150 -167.

[172] Chaudhuri A., Holbrook M. B.. The Chain of Effects from Brand Trust and Brand Affect to Brand Performance: The Role of Brand Loyalty [J]. Journal of Marketing, 2001, 65 (2): 81 -93.

[173] Hess J.. Construction and Assessment of a Scale to Measure Consumer Trust [A]. In: Stern B., Zinkhan G. (eds.). Proceedings of the American Marketing Association Educators' Conference, Chicago, 1995 (6): 20 -26.

[174] Fournier S.. Consumers and Their Brands: Developing Relationship Theory in Consumer Research [J]. Journal of Consumer Research, 1998, 24 (3): 343 -373.

[175] Erden T., Swait J.. Brand Equity as a Signaling Phenomenon [J]. Journal of Consumer Psychology, 1998, 7 (2): 131 -157.

[176] Lau G. T., Lee S. H.. Consumers' Trust in a Brand and the Link to Brand Loyalty [J]. Journal of Market Focused Management, 1999, 4 (4): 341 -370.

[177] Delgado - Ballester E., Munuera - Aleman J. L., Yague - Guillen

M. J. . Development and Validation of a Brand Trust Scale [J]. International Journal of Market Research, 2003, 45 (1): 35 – 53.

[178] Patricia G. , Micha K. . Proposal for a Multidimensional Brand Trust Scale [R] . 32nd Emac Conference – Glasgow Marketing: Responsible and Relevant? 20 – 23rd May, 2003.

[179] Reast J. D. . Brand Trust and Brand Extension Acceptance: The Relationship [J]. Journal of Product & Brand Management, 2005, 14 (1): 4 – 13.

[180] Luk S. T. K. , Yip L. S. C. . The Moderator Effect of Monetary Sales Promotion on the Relationship between Brand Trust and Purchase Behaviour [J]. Journal of Brand Management, 2008, (15): 452 – 464.

[181] 于春玲等. 品牌信任结构维度的探索性研究[J]. 南开管理评论, 2004, 7 (2): 35 – 40.

[182] 袁登华. 品牌信任研究脉络与展望[J]. 心理科学, 2007, 30 (2): 434 – 437.

[183] 谢毅, 彭泗. 品牌信任对消费者—品牌关系的影响: 维度层面的分析[J]. 营销科学学报, 2009, 5 (3): 1 – 25.

[184] 陈玉文. 药店经营管理实务[M]. 北京: 中国医药科技出版社, 2006.

[185] 乐国安. 社会心理学[M]. 北京: 中国人民大学出版社, 2011.

[186] 黄盈裕. 顾客价值的方法目标链结构模式之研究[D]. 中国台北: 台湾中山大学博士学位论文, 2001.

[187] 黄玉芬. 以符号消费为核心之国小视觉文化课程教学[D]. 中国台北: 台湾屏东教育大学硕士学位论文, 2009.

[188] 王新新. 品牌符号论: 后工业社会的品牌管理理论与实践[M]. 长春: 长春出版社, 2011.

[189] 裴飞等. 顾客满意度研究与应用综述[J]. 世界标准化与质量管理, 2006 (10): 4 – 7.

[190] 白雪, 李文. 顾客满意指数测评基本模型的改进[J]. 情报科学, 2008, 26 (5): 704 – 707.

[191] 刘新燕等. 大型超市的顾客满意度指数模型实证研究[J]. 管理工程学报, 2004, 18 (3): 96 – 101.

[192] Christina S. . An Analysis of Antecedents and Consequences of Trust in Acor-

porate Brand [J]. European Journal of Marketing, 2007, 41 (9/10): 999 - 1015.

[193] 所罗门. 消费者行为学（第8版·中国版）[M]. 卢泰宏，杨晓燕译. 北京：中国人民大学出版社，2009.

[194] 李永强等. 消费者愿意购买零售商自有品牌吗？[J]. 管理世界，2008 (10)：175 - 176.

[195] Prendergast G., Man H. W.. The Influence of Store Image on Store Loyalty in Hong Kong's Quick Service Restaurant Industry [J]. Journal of Foodservice Business Research, 2002, 5 (1): 45 - 59.

[196] Castro C. B., Armario M., Ruiz M.. The Influence of Market Heterogeneity on the Relationship between a Destination's Image and Tourists' Future Behaviour [J]. Tourism Management, 2007, 28 (1): 175 - 187.

[197] 于坤章，王亚飞. 消费者对大型超市的商店印象与其忠诚行为关系实证研究[J]. 商业经济与管理，2006 (8)：45 - 51.

[198] 周文辉，陈晓红. 商店形象、顾客满意度与忠诚度关系的实证研究 [J]. 预测，2008 (5)：27 - 33.

[199] 杨路明. 客户关系管理理论与实践[M]. 北京：电子工业出版社，2009.

[200] Woodruff R. B.. Customer Value: The Next Source of Competitive Advantage [J]. Journal of the Academy of Marketing Science, 1997, 25 (2): 139 - 153.

[201] 蒋廉雄，卢泰宏. 形象创造价值吗？[J]. 管理世界，2006(4)：106 - 129.

[202] Wyner G. A.. The Many Faces of Customer Value [J]. Journal of Marketing Research, 1998, 10 (1): 34 - 35.

[203] Andreassen T. W., Lindestad B.. Customer Loyalty and Complex Services: The Impact of Corporate Image on Quality, Customer Satisfaction and Loyalty for Customers with Varying Degrees of Service Expertise [J]. International Journal of Service Industry Management, 1998, 9 (1): 7 - 23.

[204] Babin B. J., Attaway J. S.. Atmospheric Affect as a Tool for Creating Value and Gaining Share of Customer [J]. Journal of Business Research, 2000 (49): 91 - 99.

[205] Lai Fu - jun, Griffin M., Babin B. J.. How Quality, Value, Image, and Satisfaction Create Loyalty at a Chinese Telecom [J]. Journal of Business Research, 2009 (62): 980 - 986.

［206］ McDougall G. ， Levesque T.. Customer Satisfaction with Services：Putting Perceived Value into the Equation［J］. Journal of Services Marketing，2000，14（5）：392 –410.

［207］ Shemwell D. J. ，Yavas U. ，Bilgin Z. ，Customer – service Provider Relationship：An Empirical Test of a Model of Service Quality，Satisfaction and Relationship Oriented Outcome［J］. International Journal of Service Industry Management，1998，9（2）：155 –168.

［208］ Machleit K. A. ，Mantel S. P.. Emotional Response and Shopping Satisfaction：Moderating Effects of Shopper Attributions［J］. Journal of Business Research，2001，54（2）：97 –106.

［209］ 王永贵. 顾客关系管理[M]. 北京：清华大学出版社，北京交通大学出版社，2010.

［210］ Heskett J. L. ，Jones T. O. ，Loveman G. W. ，Sasser Jr. ，W. E. ，Schlesinger L. A.. Putting the Service – profit Chain to Work［J］. Harvard Business Review，1994，72（3 –4）：164 –174.

［211］ Sultan F. ，Urban G. L. ，Shankar V. ，Bart I.. Determinants and Consequences of Trust in e – Business［R］. Working Paper，Sloan School of Management，MIT，Cambridge，2002.

［212］ 韩冰等. 网络消费者信任研究的回顾与展望[J]. 软科学，2007，21（3）：15 –19.

［213］ 沈鹏熠. 零售商品牌资产形成机制与管理研究[M]. 北京：经济管理出版社，2011.

［214］ McAllister D. J.. Affect – and – cognitive based Trust as Foundations for Interpersonal Cooperation in Organizations［J］. Academy of Management Journal，1995，38（1）：24 –59.

［215］ Geyskens I. ，Steenkamp J. B. ，Kumar N.. A Meta – analysis of Satisfaction in Marketing Channel Relationships［J］. Journal of Marketing Research，1999，36（2）：223 –238.

［216］ Anderson R. E. ，Srinivasan S. S.. E – Satisfaction and E – loyalty：A Contingency Framework［J］. Psychology & Marketing，2003，20（2）：123 –138.

［217］ Christou E.. The Impact of Trust on Brand Loyalty：Evidence from the

Hospitality Industry [Z] . http://www. traveldailynews. gr. , 2004.

[218] Moliner M. A. , Javier S. , Rosa M. R. , Callarisa L. . Perceived Relationship Quality and Post – purchase Perceived Value – An Integrative Framework [J]. European Journal of Marketing, 2007, 41 (11/12): 1392 – 1413.

[219] 姚作为，刘人怀. 基于品牌关系的服务消费决策行为研究：理论模型与实证检验[J]. 管理评论，2010，22 (9)：59 – 73.

[220] Kramer R. M. . Trust and Distrust in Organizations: Emerging Perspectives, Enduring Questions [J] . Annual Review of Psychology, 1999 (50): 569 – 598.

[221] Delgado – Ballester E. , Munuera – Aleman J. L. . Does Brand Trust Matter to Brand Equity? [J]. Journal of Product & Brand Management, 2005 (3): 187 – 196.

[222] 王高等. 中国大型连锁综合超市顾客满意度实证研究[J]. 管理世界，2006 (6)：101 – 110.

[223] Anderson E. W. , Fornell C. , Lehmann D. R. . Customer Satisfaction, Market Share, and Profitability: Findings from Sweden [J]. Journal of Marketing, 1994 (59): 53 – 66.

[224] Cronin J. J. , Brady M. K. , Brand R. R. , et al. . A Cross – Sectional Test of the Effect and Conceptualization of Service Value [J]. The Journal of Services Marketing, 1997 (11): 375 – 391.

[225] Yi Y. , Jeon H. . Effects of Loyalty Programs on Value Perception, Program Loyalty and Brand Loyalty [J]. Journal of the Academy of Marketing Science, 2003, 31 (3): 229 – 240.

[226] 马宝龙. 零售顾客忠诚计划[M]. 北京：清华大学出版社，2010.

[227] Kling R. B. . Principles and Practice of Structural Equation Modeling [M]. New York: Guilford Press, 1998.

[228] Rigdon E. . A Necessary an Sufficient Identification Rule for Structural Equation Modeling Estimated [J]. Multivariate Behavioral Research, 2005 (30): 359 – 383.

[229] Lomax R. . Covariance Structure Analysis: Extension and Development [J]. In B. Thompson (ed.), Advance in Social Science Methodology, 1989 (1): 171 – 204.

[230] Mueller R. O. . Structural Equation Modeling: Back to Basics [J]. Struc-

tural Equation Modeling, 1997 (4): 353 -369.

[231] Bentler P. M., Chou C. P.. Practical Issues in Structural Equation Modeling [J]. Sociological Methods and Research, 1987 (16): 78 -117.

[232] 张文彤. SPSS 统计分析高级教程[M]. 北京: 高等教育出版社, 2004.

[233] 林嵩. 结构方程模型原理及 AMOS 应用[M]. 武汉: 华中师范大学出版社, 2008.

[234] Kline Rex B.. Principles and Particle of Structural Equation Modeling [M]. New York: The Guilford Press, 1998: 45 -48.

[235] 吴明隆. 结构方程模型: Amos 的操作与应用[M]. 重庆: 重庆大学出版社, 2009.

[236] Hu L. T., Bentler P. M., Kano Y.. Can Test Statistics in Covariance Structure Analysis be Trusted? [J]. Psychol Bull, 1992 (112): 351 -362.

[237] 黄芳铭. 结构方程模式理论与应用[M]. 北京: 中国税务出版社, 2005.

[238] Rigdon E. E.. The Equal Correlation Baseline Model for Comparative Fit Assessment in Structural. Equation Modeling [J]. Structural Equation Modeling, 1998 (5): 63 -77.

[239] Bagozzi, Yi. On the Evaluation of Structual Equation Model [J]. Journal of the Academy of Marketing Science, 1988, 16 (1): 74 -94.

[240] Carmines E. G., McIver J. P.. Analysing Models with Unobservable Varivables [A]. In: G. W. Bohrnstedt and E. E. Borgatta (eds.), Social Measurement Current Issue [C]. Beverly Hills, CA: Sage, 1981 (2): 65 -115.

[241] Browne M. W., Cudeck R.. Alternative Ways of Assessing Model Fit [A]. In: K. A. Bollen & J. S. Long (eds.), Testing Structural Models [C]. Newbury Park, CA: Sage, 1993 (3): 136 -162.

[242] Hu L. T., Bentler P. M.. Cutoff Criteria for Fit Indexes in Covariance [J]. Structural Equation Modeling, 1999, 6 (1): 1 -55.

[243] McDonald R. P., Ho M. R.. Principles and Practice in Reporting Structural Equation Analysis [J]. Psychological Methods, 2002 (7): 64 -82.

[244] Marsh H. W., Balla J. R.. Goodness of Fit in Confirmatory Factor Analysis: The Effect of Sample Size and Model Parsimony [J]. Quality & Quality, 1994

(28)：185 –217.

［245］ Bollen K. A. , Long S. L. . Testing Structural Equation Modeling［M］. Newbury，UK：Sage Publication，1993.

［246］荣泰生 . AMOS 与研究方法（第 2 版）［M］. 重庆：重庆大学出版社，2010.

［247］ Nunnally J. C. . Psychometric Theory（2nd ed.）［M］. New York：McGraw Hill，1978.

［248］DeVellis R. F. . Scale Development Theory and Applications［M］. London：SAGE，1991.

［249］吴明隆 . 问卷统计分析实务——SPSS 操作与应用［M］. 重庆：重庆大学出版社，2010.

［250］Diamantopoulos A. , Siguaw J. A. . Introducing LISREL：A Guide for the Uninitiated［M］. Thousand Oaks，CA：Sage，2000.

［251］Raines –Eudy R. . Using Structural Equation Modeling to Test for Differential Reliability and Vbalidity：An Empirical Demonstration［J］. Structural Equation Modeling，2000，7（1）：124 –141.

［252］Bollen K. A. . Structural Equations with Latent Variables［M］. New York：Wiley，1989.

［253］ Fornell C. , Larcker D. . Structural Equation Models with Unobservable Variables and Measurement Error［J］. Journal of Marketing Research，1981，18（1）：39 –50.

［254］Joreskog K. G. . Testing Structural Equation Models［A］. In K. A. Bollen and J. S. Long（Eds.）. Testing Structural Equation Models［C］. Newbury Park，CA：Sage，1993.

［255］邱皓政，林碧芳 . 结构方程模型的原理与应用［M］. 北京：中国轻工业出版社，2009.

［256］ Kaiser H. F. , Little Jiffy, Mark I. V. . Educational and Psychological Measurement［M］. Sage Publications Inc. , 1974.

［257］马庆国 . 管理统计：数据获取、统计原理与 SPSS 工具与应用研究［M］. 北京：科学出版社，2002.

［258］Stevens J. . Applied Multivariate Statistics for the Social Science（2nd ed）

[M] . Hillsdale, NJ: Lawrence Erlbaum, 1992.

[259] 温忠麟，侯杰泰，马什赫伯特. 结构方程模型检验：拟合指数与卡方准则[J]. 心理学报，2004，36（2）：186－194.

[260] 邓富民. 移动通信行业的服务质量与顾客忠诚关系研究[D]. 成都：四川大学博士学位论文，2008.

[261] 邱皓政. 结构方程模式：LISREL 的理论、技术与应用[M]. 中国台北：双叶书廊，2005.

[262] Jambulingam T., Kathuria R., Nevin J. R.. How Fairness Garners Loyalty in the Pharmaceutical Supply Chain Role of Trust in the Wholesaler－pharmacy Relationship [J]. International Journal of Pharmaceutical and Healthcare Marketing, 2009, 3 (4): 305－322.